日本語から考える！

ポルトガル語の表現

市之瀬 敦／山田敏弘

白水社

デザイン　森デザイン室

まえがき

　日本語を話すときは日本語で思考し、ポルトガル語で話すときはポルトガル語で思考する。そんなことができたらどんなに素晴らしいかと思います。でも、本書を手にされた方の多くは、ポルトガル語を使うときでも、まず日本語で考え、それからポルトガル語に置き換える作業を繰り返すのではないでしょうか。

　「彼は先生です」と「彼が先生です」。日本語の母語話者なら当たり前のように苦も無く使い分ける「は」と「が」ですが、いざポルトガル語でその違いを表現しようとすると、はて？と考え込んでしまったりしませんか。あるいは、「隣人に騒がれて眠れなかったよ」という文で、「騒がれて」をそのまま受動態にしてもよいのか迷うかもしれません。ついつい口癖のように日本語で言ってしまう「…と思うよ」をポルトガル語でもそのまま使ったら、母語話者からはどんな感じで受け止められるのだろうか、そんなことが気になったことがあるかもしれません。

　日本語を使うとき何の疑問も持たずに用いているさまざまな表現をいざポルトガル語に訳すときには思わぬ疑問や困難に出くわすものです。本書はそれらを解消するために作られました。ポルトガル語にはこんな素敵な表現があるんだ！という発見の喜びもいいのですが、日本語らしい表現をポルトガル語ではこんなふうに言えるんだ、と気づく楽しさも味わっていただきたいのです。

　本書の執筆には、職場の同僚である２人のブラジル人、マウロ・ネーヴェス氏とエレナ・トイダ氏、そしてポルトガルに本部を置くポルトガル語教員協会の前会長である畏友パウロ・ピント氏の協力が不可欠でした。３人には心から感謝の意を表したいと思います。

2011年9月

市之瀬　敦

シリーズについて

　外国語を学ぶとき、「外国語の発想で考えなさい」と言われたことはありませんか。それも大切なことですが、「この日本語、どう訳したらいいのかな」と考えることも多いのではないでしょうか。でも、日本語から外国語に訳すとき、日本語のしくみをよく知らないのでは困りますね。たとえば、「あの人は林さんです」と「あの人が林さんです」の違いを、あなたはうまく表現し分けられますか。母語である日本語のしくみ（文法）や発想を知らなければ、外国語で的を射た表現をするのは難しいのです。
　このシリーズは、日本語から外国語への橋渡しを意図して企画されました。まず、母語である日本語のしくみや発想をよく理解してもらうために、日本語の専門家である山田が日本語について解説をします。次に、それぞれの言語の専門家から、日本語の表現に合う外国語の表現を学びます。このような比較を通じて、日本語らしさとは、そして目標とする外国語らしさとは何かが、よりはっきりと見えてくるでしょう。
　さあ、日本語から始めてみましょう。そして、あなたの学ぼうとしている言語で、より正しく豊かな表現ができるようにしていきましょう。

　　　　　　　　　　　　　　　　　　2011年春　山田敏弘

目 次

まえがき 3
シリーズについて 4

§1 「あの人は、田中さんです。」と
    「あの人が田中さんです。」
    「は」と「が」 ……………………………………… 8

§2 「お父さん、どこ行くの?」
    「お父さんは会社に行くんだよ。」
    代名詞と省略 ……………………………………… 14

§3 「それが使いにくかったら、
    あのペンを使ってください。」
    指示詞 ……………………………………………… 20

§4 「ひとつしか残っていなかった。」と
    「ひとつだけ残っていた。」
    とりたて助詞 ……………………………………… 26

　　コラム1 「の」の使い方 ………………………… 32

§5 「ひとつも見つかりませんでした。」
    否定の捉え方 ……………………………………… 34

§6 「ありがとうございました。」
    「た」の働き ……………………………………… 40

§7 「愛しています。」
    進行と結果状態の表現 …………………………… 46

§8 「見知らぬ人が話しかけてきた。」
　　方向性の表現 ……………………………………………… 52

　　コラム2　オノマトペ（擬音語・擬態語） ……………… 58

§9 「ぼくたち、大きな魚に食べられちゃうよ。」
　　受身と使役 ………………………………………………… 60

§10 「隣の部屋で一晩中騒がれて眠れなかった。」
　　被害の受身と恩恵表現 …………………………………… 66

§11 「窓が開いた。」と「窓を開けた。」
　　自動詞と他動詞 …………………………………………… 72

§12 「彼は泳げない。」
　　可能 ………………………………………………………… 78

　　コラム3　名詞の性質 …………………………………… 84

§13 「あの人は嬉しそうだ。」
　　話し手の判断の表し方 …………………………………… 86

§14 「少しゆっくり話してください。」
　　働きかけの表し方 ………………………………………… 92

§15 「もっと勉強しなければいけない。」
　　義務・助言・許可の表現 ………………………………… 98

§16 「おいしいステーキが食べたいなあ。」
　　意志・願望の表現 ………………………………………… 104

コラム4　その「～と思います」は必要ですか? ……………… 110

§17 「雨が降るから、傘を持っていきなさい。」
原因・理由と逆接の表現 ……………………………… 112

§18 「春になると花が咲く。」
条件と時間の表現 ……………………………………… 118

§19 「パリに着いた3日後、彼はローマに発った。」
名詞修飾表現1 ………………………………………… 124

§20 「仕事を終えた田中は、帰宅の途についた。」
名詞修飾表現2 ………………………………………… 130

コラム5　いろいろな意味をもつ「て」 …………………… 136

§21 「先生がいらっしゃるので、玄関までお出迎えした。」
敬語と待遇表現 ………………………………………… 138

§22 「どちらへお出かけですか。」「ちょっとそこまで。」
応答表現 ………………………………………………… 144

§23 「おれは、行くぜ。」
終助詞 …………………………………………………… 150

§24 「彼女は、小鳥のように高い声をしている。」
ことばの技法 …………………………………………… 156

コラム6　社会的グループのことば ………………………… 162

設問一覧　164

§1 「あの人は、田中さんです。」と「あの人が田中さんです。」
"「は」と「が」"

　「あの人は、田中さんです。」と「あの人が田中さんです。」2つの表現はよく似ていますが、言いたいことが微妙に違いますね。どちらの「あの人」も、「田中さんです」の主語であることには違いないのですが、「あの人は」と言った場合には、これに「あの人について話したい」という気持ち、すなわち、主題という捉え方が加わっているのです。

　自己紹介をする場面を思い浮かべてみましょう。当然、「私」について、話し始めますね。そのときには、「私は～」と主題の「は」を使って話し始めます。「私」についての話を始めるのですから、「は」を使います。「くじらはほ乳類だ。」のように一般的に言う場合や、「月は地球の周りを回っている。」のように、みんながよく知っているものが主語になる場合には、この主題の「は」を使うのがふつうです。

　「は」は、「～について話したい」という気持ちがあれば、(「何がどうした」や「何がどんなだ」の「何が」のような) 主語という働きがない場合にも使えます。

(1) **（手にとって示しながら）この本は、去年、私が書きました。**
(2) **この本は、表紙の色がすてきです。**

　(1)は、「私がこの本を書いた」のですから、「この本は」は目的語です。(2)では、「この本の表紙の色」という関係が考えられます。「は」には、ほかに、レストランで注文を聞かれて「ぼくはハンバーグです。」という場合に使ったり、「このにおいは、だれかが近くでゴミを燃やしているな。」のように使ったりする使い方もあります。とにかく、「～について話したい」という気持ちがあれば「は」が使

えるのです。

では、「は」を使わないで「が」を使うのは、どんなときでしょうか。ここでは、代表的な2つの場合を見ておきましょう。

(3) あ、人が倒れている。
(4) 私が林です。

(3)のように、はじめて見て気付いたときには、「は」を使いません。「あ、雨が降っている。」「おっ、もうガソリンがない。」のように、気付いたばかりのことは、ふつう主語を「が」で表します。(4)は、だれかが林さんを探していて、その答えがほしい場合に使います。たとえば、次のような場合です。

(5) 「ここに林さんはいますか。」
  （手を挙げて）「私が林です。」

(5)の「が」は、「あなたが探しているのは、ほかの人ではありません。私ですよ。」という意味を含んでいます。なお、(5)は、「林は私です。」とも言えます。

このほかにも、「この本がほしい。」や「彼は、みかんがとても好きだ。」のように、「ほしい」「好きだ」「嫌いだ」などの目的語を表す場合に、「が」を使います。

Q 作文してみよう

① この本は、去年、私が書きました。
② この本は、表紙の色がすてきです。
③ あ、人が倒れている。
④ 「ここに林さんはいますか。」「私が林です。」

「彼は先生です」と「彼が先生です」。日本語の母語話者なら自然に使い分けてしまうこの2つの文の違いを、非母語話者に理解させるにはかなりの工夫が必要であるにちがいありません。

　さて、この「は」と「が」ですが、それぞれにピタリと当てはまる訳語はポルトガル語にはありません。とはいえ、「は」と「が」のニュアンスの違いをポルトガル語で表現することは可能です。「は」と「が」の区別をポルトガル語の母語話者に理解してもらうことは間違いなくできるのです（誰もがきちんとできるようになるかどうかは別問題です）。

　「は」も「が」もさまざまな機能がありますが、前者は「既知」の情報、後者は「未知」の情報を提供するという違いがあります。「既知」とは話し手と聞き手の間で既に共有されている情報、一方で「未知」とは両者の間でまだ共有されていない情報のことですが、ここでポルトガル語の冠詞の使い方を思い出した方はとても鋭いです。言うまでもないと思いますが、定冠詞が「既知」、不定冠詞が「未知」です。例をみましょう。

　A mesa é de madeira.　テーブルは木製です。

　これに対し、「が」のニュアンスを出すには不定冠詞を用いることができます。

　Uma mesa está na sala.　テーブルが部屋にある。

　これと同じ内容をHá uma mesa na sala.と表現してもよいでしょう。前置きがだいぶ長くなりましたが、4つの質問に答えていきます。

① この本は、去年、私が書きました。
　自著を手にして自慢げな人の姿が思い浮かびそうですが、その前に「私は去年この本を書いた」という文から作ってみます。Eu escrevi este livro no ano passado.となることはいいですね。もちろん主語のeuを省略して、Escrevi este livro no ano passado.としてもかまいません。けれども、大切なのはここから。「この本」（este livro）は「書く」という動詞の目的語ですが、「この本は」として

文頭に移動され、「この本」について語るのだという強い気持ちを表わしています。

では、「は」がないポルトガル語ではどうしたらよいでしょうか。最も手っ取り早いのは、日本語と同じようにeste livroを文頭に移してしまうことです。ポルトガル語の基本語順は「主語・動詞・目的語」、いわゆるSVO型ですが、最後のOを文頭に移動することで、基本語順にしたがう場合とは違うニュアンスが出てきます。

Este livro, eu escrevi no ano passado.

なお、este livroの後の「,」は、かすかな息継ぎの存在を示しています。

さらにまた、「去年」を強調してみることもできますね。この場合はser ... queという強調構文を使えばよいのです。

Foi no ano passado que eu escrevi este livro.

この構文も前方（左方）への移動ですが、serを活用したり、より高度なテクニックが必要になりますね。

② この本は、表紙の色がすてきです。

表紙はcapa、色はcorですが、ここではいろいろな色が使われていると見なして複数形coresにします。「すてき」はlindoにしましょう。

さて、この文の「は」と「が」はどちらも主語を表わすと解釈して、＊Este livro as cores de capa são lindas.としてはいけません。そこで、「この本の表紙の色がすてきです」と考えれば、

As cores de capa deste livro são lindas.

という文を作ることができます。ところが、ポルトガル語にも'クセ'というものがあります。その1つが、述語に比べ主語の方が長いとき、主語を後置するというものです。上の文ですと、

São lindas as cores de capa deste livro.

とする方が文としての座りがよくなります。ところで、＊Este livro

as cores de capa são lindas.はよろしくないと言いましたが、「この本は」の「は」を「…に関しては」と解釈すれば、

Quanto a este livro, as cores de capa são lindas.

という正しい文を作ることができます。quanto aは英語のas forに相当する成句です。

さて、ここで視点を変えて、質問された日本語の文を、「この本は」の「は」を主語として見立て、「すてきです」を述語としてみます。そして、「表紙の色が」は「表紙の色ゆえに」と置き換えるのです。すると、

Este livro é lindo pelas cores de capa.

という文を作ることもできます。さらに発想を変えて、「この本はすてきな色の表紙を持つ」とすることも可能でしょう。日本語としてはいまひとつしっくりこないかもしれませんが、ポルトガル語としてはきわめて自然な文となります。

Este livro tem capa de cores lindas.

あるいは「この本の表紙はすてきな色を持つ」とすることもできます。

A capa deste livro tem cores lindas.

③ あ、人が倒れている。

「あ」という驚きは、Oh!でもよいですし、Ah!またはAi!でもよいでしょう。あるいはOlha!を使ってもよいかもしれません。

驚いた後は、何に驚いたのか描写します。「人が倒れている」のですが、「人が」の部分でちょっと考えてしまうかもしれません。um homemを使いますか？　いや、それだと倒れている人が最初から「男」となってしまいそうです。uma pessoaとすると、「1人」「2人」（duas pessoas）と数えたくなってしまいます。そこで、使いたいのが「誰か」に当たるalguémです。

Olha! Alguém está caído.
Ah! Há alguém caído.

　最初の文は素直に「人（誰か）が倒れている」で、すんなりと口から出てきそうな文です。次の、caídoで直接alguémを修飾し、「倒れている人がいる」という意味の文ももちろん可能です。倒れている場所は「地面」「廊下」「階段」などでしょうから、どの文でも最後にno chão, no corredor, nas escadasと補ってもよいですね。

④「ここに林さんはいますか。」「私が林です。」
　「林」につける敬称「さん」はo senhor, a senhoraでよいでしょう。説明を簡略にするため、ここではo senhorを例にとりますが、他意はありません。まず、最初の質問文ですが、

O senhor Hayashi está aqui? / Está aqui o senhor Hayashi?

　主語を文頭に持ってきても、倒置させても、どちらでもかまいません。では、答えの部分はどうなるでしょうか。「私は林です」と「は」を使った文なら、Eu chamo-me Hayashi.（ブラジルならEu me chamo Hayashi.）、あるいは、O meu nome é Hayashi.とすればよいですが、ここでは不適切です。林さんの所在を聞かれているのに、自己紹介してしまってもしかたありませんね。
　上記の質問で意味されることは、話し手は林さんという人がいることはわかっているけれど、それが誰だかわからないという状況です。こんな時に相応しい答え方はこのようになります。

Eu sou Hayashi.

　また、答えとして、「林は私です」とも言えそうですが、そんなときは、

Hayashi, sou eu.

と答えてもよいでしょう。 いや、もっとシンプルに、Sou eu.と答えてもよいのです。

§2 「お父さん、どこ行くの?」「お父さんは会社に行くんだよ。」
"代名詞と省略"

　日本語では、目の前にいる人にどこへ行くか尋ねたいとき、「あなたは、どこへ行きますか。」とは、あまり言いません。だれについて聞いているのかわかっていれば、主語を省略して「どこへ行きますか。」と聞けばいいからです。第三者について聞く場合も、指を指して「どこ行くの?」と聞けば、わざわざ主語を言わなくてもわかってもらえます。特に、「どこへいらっしゃるの?」のように、敬語を使えば、その分、主語を特定しやすくなることもあります。

　答える側も、「ちょっとコンビニまで。」と、主語や動詞を省略して言うこともしばしばです。もちろん、「私は、そこのコンビニまで行って来ます。」と言うこともできますが、わざわざ言えば強調しているようにも聞こえます。

　日常会話では、主語以外もよく省略されています。

(1) (チョコレートを指して) いくつ食べる?
(2) 「お茶をいれてほしいなあ。」「自分でいれてよ。」

　(1)では「あなたはチョコレートを」という部分が省略されていますし、(2)では主語のほか、後ろの発言では「お茶を」も省略しています。このように、日本語は、その場面から理解できればあえて言わないことが多い、場面への依存度が高い言語なのです。

　文脈の中で省略されることもしばしばです。

(3) 昔、村はずれに、ひとりのきこりが住んでいました。そのきこりは、毎日、森へ木を切りに行きました。ある日、いつものように森へ行くと、大きな熊と出会いました。

　(3)では、最後の文の「森へ行く」と「熊と出会いました」の主語

が省略されていますが、前の文の主語の「きこり」だとわかりますね。同じ主語なら省略して文章を続けていくことも多いのです。

　もうひとつ、日本語には、「私」や「あなた」のような代名詞をあまり使わない理由があります。それは、代名詞の代わりに名前を使ったり自分の立場を表すことばを用いたりするからです。たとえば、父は自分の子に対して、「お父さん」ということばを、自分を指す代名詞の代わりによく使います。また、社長に向かって社員は、「社長」を代名詞代わりに使って話します。決して社長に向かって「あなたは」なんて言いません。

(4) （田中さんに向かって）これ、田中さんに差し上げます。
(5) 「お父さん、どこ行くの？」
　　「お父さんは会社に行くんだよ。」
(6) 「社長、社長はこのプランをどう思われますか。」

　家族では年下が年上の人か同等の人を指して言う場合、そしてその年下の人に対して話し手が自分自身を指して言う場合に、「お父さん」「お母さん」「お兄ちゃん」「お姉ちゃん」のようなことばを、代名詞の代わりに使います。会社などでは、地位が上の人を「あなた」などの代名詞で呼ぶ代わりに、(6)のように、その地位を用います。

Q 作文してみよう

① （チョコレートを指して）いくつ食べる？
② 「お茶をいれてほしいなあ。」「自分でいれてよ。」
③ （田中さんに向かって）これ、田中さんに差し上げます。
④ 社長、社長はこのプランをどう思われますか。

A ポルトガル語のコミュニケーションも場面に助けられることはあるのですが、日本語と比べると、ポルトガル語は場面依存度が低い言語ではないかと思います。どんどん省略してしまうというわけにはいきません。ただし、ポルトガル語で主格代名詞が頻繁に省略されることは、一通り文法を習い終えた方ならよくご存じのはず。それを可能にするのは人称ごとに形を変える動詞。ポルトガル語のとても複雑な動詞の活用は憶えるのは大変ですが、主語を省略可能にするというメリット（？）があります。

　Vais?　（君は）行くかい。　— **Vou.**　（私は）行くよ。

　最初の文ではtu（Tu vais?)、答えの文ではeu（Eu vou.）が省かれています。それでは質問に答えていきましょう。

① （チョコレートを指して）いくつ食べる？
　「食べますか？」ではなく、「食べる？」という言い回しからみて、この対話に参加している2人はけっこう親密な関係にあると判断してよさそうです。となれば、ポルトガルでは相手に対してtuを使うでしょうし、ブラジルならvocêという人称代名詞を用いるはずです。「いくつ」という疑問にはQuantoという疑問詞の男性複数形Quantosを使います。chocolatesは男性名詞なので、性と数を一致させるのです。もし、女性名詞であるオレンジlaranjasをいくつ食べるのか訊くなら、Quantas (laranjas)とやはり女性複数形となります。「食べる」という動詞はもちろんcomerですが、意志と未来の意味を込めてir comerとしましょう。

　Quantos vais comer tu?　（ポルトガル）
　Quantos vai comer você?　（ブラジル）

　ポルトガル語の動詞は主語の人称と数によって形を変えます（時制や法でも変えますが）。3人称の場合は主語の位置に何が来るか無数の可能性がありますが、1人称と2人称は1つの可能性に限定できます。したがって（と言ってよいでしょう）、主語となる代名詞を省略することができるのです。

Quantos vais comer?

　ポルトガルの場合はこれでもまったく大丈夫です。ですが、ブラジルの場合、Quantos vai comer?とすると、主語はele「彼」、ela「彼女」あるいはo senhor, a senhora「あなた」の可能性も生じますが、それこそ「場面」が正しい解釈を可能にしてくれます。ポルトガル語も場面に依存するわけですね。

　なお、主格代名詞の省略に関しては、ブラジルよりポルトガルの方が頻度が高いように思えます。

②「お茶をいれてほしいなあ。」「自分でいれてよ。」

　「お茶をいれてほしいなあ」なんてサクッと言いきっていますが、この文の作りはけっこう複雑です。お茶をいれる人と、そうしてほしい人は別人、つまり２つの文で１つの文を作る複文なのです。文末の「なあ」とか「てよ」から見て、２人の関係は親密そうですね。では、さっそく始めます。「お茶をいれる」はfazer cháです。「...してほしい」はquerer que＋接続法、ですね。

Eu quero que tu faças chá. （ポルトガル）
Eu quero que você faça chá. （ブラジル）

　主節にも従属節にも代名詞をきちんと入れましたが、なんかくどい気もします。ポルトガルの場合なら２つの代名詞を省略してしまっても何ら誤解は生じません。queroの主語はeu、façasの主語はtuしかありえませんからね。

Quero que faças chá.

　それに対し、ブラジルの方はQuero que faça chá.となり、３人称であるfaçaの主語があいまいになりますが、やはり「場面」が正しい解釈に導いてくれるはずです。なお、façaは１人称の形でもあるからeuが主語になることもありうるのでは？とひらめいた方もいるかもしれませんが、それは無理です。もし欲する人とお茶をいれる人が同一ならば、この文はEu quero fazer chá.という単文

となります。Querer que...となるのは、主節と従属節の主語が異なる場合なのです。

さらに、他の言い方も可能です。可能を表わすpoderの過去未来形poderiaを使って丁寧なニュアンスを出して、para mim「私のために」お茶をいれてくださいと頼むのです。

Poderia fazer um chá para mim?

次に「自分でいれてよ」ですが、これは「自分自身で」と考えましょう。por + 代名詞 + próprio（あるいはmesmo）を使います。さらにまた、日本語では現れませんが、ポルトガル語では「お茶」の代わりとなる目的格代名詞「それを」、つまり-oを入れた方がよいですが、ポルトガルの方はちょっと厄介な変化があります。fazとoが連続するとfá-loとなるのです。

Fá-lo por ti próprio. （ポルトガル）
Faça-o por você próprio. （ブラジル）

前置詞の後でtuは使えませんからtiにしてください。vocêはそのままで大丈夫です。これはとても丁寧な感じがしますが、ブラジルではもっとくだけた雰囲気で、

Faz você, né.

と言ってしまうこともできそうです。最後のnéは付加疑問で使われるnão éが縮まってできた言葉で、相手にこっちの気持ちを汲んでよ、と理解を求めているニュアンスが含まれます。

③（田中さんに向かって）これ、田中さんに差し上げます。

日本人から「これ、市之瀬さんにあげるね」と言われたことはありますが、確かにポルトガル語話者から、Eu dou isto ao senhor Ichinose.と言われたことはありません。この文が私（市之瀬）以外の誰かに言われたとすれば十分に意味を成しますが、ポルトガル語でより自然なのは、「田中さん」と呼びかけて、その後で、「これをあなたに差し上げます」という言い方でしょう。

Senhor Tanaka, (eu) dou-lhe isto. （ポルトガル）

ブラジルでは、Senhor Tanaka, (eu)lhe dou isto.のようにlheが動詞の前に来ます。今、「差し上げる」をdarという動詞にしましたが、実はこれ、あまり自然ではありません。むしろ、「これはあなたのためです」という、serを使った方がずっと自然な感じがします。

Senhor Tanaka, isto é para si. （ポルトガル）

ポルトガルで使われるsiはここではもはや再帰代名詞の意味ではないことに注意してください（ブラジルでは、isto é para você.）。

④ 社長、社長はこのプランをどう思われますか。
　日本語は代名詞の代わりに名詞を使います。この点において、ポルトガル語はけっこう日本的、いや日本語的な言語と言ってもよいかもしれません。
　「このプランを」は「について」と考えてdeを使い（deste plano）、「思う」はacharでよいでしょう。「どう」の部分はそのまま受けて疑問詞のcomoにしてしまうと「どうやって」となってしまうので、「何」を意味するqueを用います。疑問詞queの後の語順は動詞acha→主語o senhor presidenteとしましょう。主語になる「社長」のpresidenteはくどいので省略した方がよいでしょうね。

Senhor presidente, que acha o senhor (presidente) deste plano?

　日本語の「社長！」という呼びかけそのままで、Presidente, としてもよいでしょうが、senhorを前に付した方がより丁寧でいいです。興味深いのは、「社長」がそのまま動詞の主語になれること。この点は、日本語と同じですね。
　「肩書き」がそのまま主語になるケースは他にもあります。たとえば、arquiteto「建築士」を使って、

Que acha o senhor arquiteto deste plano?

「建築士様」とは、なんだか滑稽な感じもしますが。

§3 「それが使いにくかったら、あのペンを使ってください。」
"指示詞"

　「それが使いにくかったら、あのペンを使ってください。」Aさんが Bさんにペンを渡しながらこう言ったとしたら、「それ（＝そのペン）」は、今、どこにあるでしょう。そうです。もう Bさんが手に持っているはずですね。もし、Aさんが持っていれば「これが使いにくかったら〜」というはずです。このように、日本語では、話し手が手に持っているものや話し手の近くにあるものを「これ」や「この〜」で示し、聞き手が手に持っているものや聞き手の近くにあるものを「それ」や「その〜」で示します。

　それでは、「あれ」や「あの〜」は、どのようなものを指すのでしょうか。実は、話し手からも聞き手からも離れているものを指す場合に使います。上の例文で言えば、「あのペン」は、Aさん、Bさん、どちらも手に持っていない、たとえば、ちょっと離れた机の上にあるペンを指しています。もう少し例を見てみましょう。

(1)　**こちらは、山田さんです。**
(2)　**きみたち、そこで遊んじゃだめだよ。あっちで遊びなさい。**

　(1)では、人を指して「こちら」と言っていますが、紹介している人の近くに「山田さん」がいます。(2)は、「きみたち」がいる場所を指して「そこ」と言っています。「あっち」とは、話し手も「きみたち」もいない離れた場所です。

　話の中にだけ出てくる人や物を指す場合にも、このような指示詞を使いますが、使い方は、少し違います。

(3)　**「蓄音機って知ってる？」「何、それ？」**
(4)　**「ビートルズの HELP! ってレコードを、まだ持ってるよ。」**
　　「あれは、いいアルバムだよね。」

(3)のように、話し手が知らない場合には、「それ」や「その～」などを使いますが、(4)のように共通に知っている場合には、「あれ」や「あの～」などを使います。指そうとしている物の名前を忘れたときに、「昨日のあれ、できてる？」と「あれ」で聞くのは、聞き手が知っていると思っているからです。

「これ」や「この～」などは、前に出てきた話全体または部分を指して、次のように使われます。

(5) **昨年一年間で円高が急激に進んだ。この影響で輸出企業が多数倒産した。**

(5)の「この～」は、前の文の「昨年一年間で円高が急激に進んだ」こと全体を受けています。

日本語の「これ」「それ」「あれ」は、外国語の指示詞とぴったりとは対応しないことがあるので、注意が必要です。

Q 作文してみよう

① (ペンを渡して)それが使いにくかったら、あのペンを使って。
② 「蓄音機って知ってる？」「何、それ？」
③ 「ビートルズのHELP!ってレコードを、まだ持ってるよ。」
   「あれは、いいアルバムだよね。」
④ 昨年一年間で円高が急激に進んだ。この影響で輸出企業が多数倒産した。

A 「これ」「それ」「あれ」あるいは「この」「その」「あの」を指示詞と呼びます。「れ」の方は指示代名詞、「の」の方は後ろに名詞が続きますから指示形容詞ですね。

「こ」は話し手の近くにあるもの、「そ」は聞き手の近くにあるもの、「あ」は両者から離れているものを指す言葉です。日本語は3項の対立を持つ言語なわけですが、ポルトガル語も同様です。este, esta, isto が「こ」。esse, essa, isso が「そ」。aquele, aquela, aquilo が「あ」。最後は日本語でもポルトガル語でも「a」で始まるので、少し憶えやすいかもしれません。aqueleから「que」を取ると「あれ」になるなぁ、なんていうのは学問的ではないかもしれませんが…。ただし、ブラジルの口語ではesteとesseが融合する傾向が見られ、esseとaqueleだけの2項対立に変わりつつあります。

また、日本語と異なり、ポルトガル語は男性形（este, esse, aquele）と女性形（esta, essa, aquela）の違い。さらにはいわゆる中性形（isto, isso, aquilo）というものが存在します。この点は日本語より複雑なところでしょう。

① （ペンを渡して）それが使いにくかったら、あのペンを使って。

「使いにくい」という日本語はなかなか訳しにくいのですが、「役に立つ」という感じでservir としてもよいかもしれません。もちろんこの場合は役に立ちそうもないわけですからnão servirと否定しないといけませんが。また、「使って」は「使う」という動詞usarを命令形で使ってもよいと思いますが、「使ってもいいよ」というニュアンスを出して、poder usarとしてもよいかなと思います。文の流れとして、canetaは先に出しましょう。

Se essa caneta não servir, usa aquela.
Se essa caneta não servir, podes usar aquela.

もし「その」「あの」をはっきりと強調したければ、場所を表わす副詞aí「そこ」、ali「あそこ」を名詞の後に付加してもよいです。

Se essa caneta aí não servir, usa aquela ali.

この文、なんかくどい気もしますが…。

② 「蓄音機って知ってる？」「なに、それ？」

蓄音機って確かにずいぶんと古い音響機器ですし、「何、それ？」と質問したくなる人の気持ちはよく理解できます。蓄音機はポルトガル語でo gramofoneあるいはo fonógrafoといいます。ポルトガル語では「知る」を意味する動詞にsaberとconhecerがありますが、ここでは「知識」として知っているsaberの方を使いましょう。conhecerだと使ったことがある、みたいな感じになりますから。

　Sabes o que é um gramofone?

「…が何だか知っているか」と訊くときはsaber o que...?とします。oを取ってしまうと、「…であることを知っているか」という意味になってしまいますよ。「蓄音機」に焦点が当てられていると解釈して、

　Um gramofone, sabes o que é?

としてもよいでしょう。さて、「何、それ？」という質問ですが、

　Que é isso?

あるいは疑問詞を強調して、

　O que é isso?

と言えば十分です。また、「その蓄音機というのは何？」という感じで、指示詞issoあるいはessa coisa「そのこと」を用いて、

　O que é isso de gramofone?
　O que é essa coisa de gramofone?

なんて訊くのもよいかもしれませんね。

③ 「ビートルズのHELP!ってレコードを、まだ持ってるよ。」
　　「あれは、いいアルバムだよね。」
　　レコードとは懐かしい思い出になりつつあるかもしれませんが、

discoという単語はやはり覚えておくべきでしょう。余談ですが、私がリスボン大学の学生だった1980年代半ばころ、ポルトガルではTop Discoという音楽番組が大人気を博していました。ちなみにCDはポルトガル語でもCD（セーデー）という略語で呼ばれますが、開いて言えばdisco compactoです。さらに話が逸れました。「まだ」はaindaですよね。

Tenho ainda o disco de "Help!" dos Beatles.

バンドの名前には必ず定冠詞の複数形osがつきます。ビートルズはos Beatlesですし、クイーンはos Queenです。女王様だからと言ってa Queenとしてはいけません。

なお、osと定冠詞の複数形がつくように、もし主語になった場合、動詞は複数形を取ります。Os Beatles chegaram ao Brasil.「ビートルズがブラジルに着いた」というように。文末にある「よ」ですが、そのニュアンスをあえて出そうとすれば、Sabe,「知ってる」とポルトガル語では逆に文頭に持ってくるというのもよいかもしれません。

Sabe, tenho ainda o disco de "Help!" dos Beatles.

さて、ビートルズの古いレコードを自慢されたせいかどうかは知りませんが、答える方も知ったかぶりの様子で受けています。アルバムはそのままálbumでよいです。

Aqule é um bom álbum.

この答えだとなんかそっけない気もします。「いい」の部分をもう少し強めてもよいのかもしれません。

Aquele é um excelente álbum.

「エクセレント」は褒めすぎでしょうか？
この文は「ね」で終わっていますが、相手に同意を求める感じで付加疑問文にしましょうか。もちろん、否定辞nãoにserの3人称単数形éをつけてつくります。英語のisn't it?に相当します。

Aquele é um bom álbum, não é?

④ 昨年一年間で円高が急激に進んだ。この影響で輸出企業が多数倒産した。

かなり歯ごたえのある課題です。subir em flechaで「急上昇する」という意味を出してみます。「円」はiene、「昨年」はno ano passadoです。

O iene subiu em flecha no ano passado.

あるいは次のように、「急激な（vertiginoso）増加（aumento）をこうむった（sofreu）」と言ってもよいでしょう。

O iene sofreu um aumento vertiginoso no ano passado.

問題は2つ目の文ですが、「この影響で」という個所をどうしましょうか。いや、その前に「輸出企業が...」を先に片づけてしまいましょう。「倒産する」はfalirですから、muitas empresas exportadoras faliram.としましょう。そこで、「この影響で」ですが、直訳すれば、por esta influênciaですね。

Por esta influência, muitas empresas exportadoras faliram.

これでも意味は通じると思いますが、estaがなにを指示するのかいまひとつはっきりしない感もあります。むしろシンプルにpor causa disso「そのせいで」と決まり文句を使った方がわかりやすいでしょう。あるいは、この2つの文を関係詞を使って1つにしてしまってはいかがでしょうか。

O iene subiu em flecha no ano passado, o que provocou a falência de muitas empresas exportadoras.

前の文全体を受けることができる関係代名詞o queを主語とし、「昨年円が急上昇したことが倒産を引き起こした」と考えるのです。「引き起こす」はprovocar、「倒産」はfalênciaです。むしろこの方がポルトガル語としてはしっくりくるようにも思えます。

§4 「ひとつしか残っていなかった。」と「ひとつだけ残っていた。」

"とりたて助詞"

　日本語では、話し手ができごとに対してどのような捉え方をしているのかを、名詞などに付けるとりたて助詞と呼ばれる助詞によって表すことがあります。ここでは、「だけ」「こそ」「まで」「でも」を中心に見ていきましょう。

　「だけ」と「しか～ない」は、限定を表します。

(1) **ケーキを買いに行ったら、ひとつだけ残っていた。**
(2) **ケーキを買いに行ったが、ひとつしか残っていなかった。**

　同じ限定を表すといっても、その捉え方は少し違っています。「だけ」は肯定的に捉えていて、(1)では「ひとつ残っていた」ことで十分だと捉えているように感じますが、「しか～ない」は、否定的に捉えていて、(2)からは「足りない」という気持ちが強く伝わってきます。

　「お金さえあれば買えたのに。」のように、「ば」や「たら」の前にある「さえ」も限定です。また、「テレビばかり見ている」の「ばかり」のように、限定された同じできごとの繰り返しを表すとりたて助詞もあります。

　「他のものではない。これだ！」という際立たせを表すには、「こそ」を使います。

(3) **きみこそ、我が社が求めていた人物だ。**

　「こそ」を使うと、「きみ」にぱっとスポットライトがあたったような印象を与えます。同じような際立たせ方は、「我が社が求めていたのは、きみのような人物だ」のように、「～のは、…だ。」という言い方でも表せます。

一例を示して他を暗示するとりたて助詞もあります。

(4)　宿題を忘れて、弟にまで笑われた。
(5)　こんな簡単な問題、小学生の弟でもわかるよ。

　(4)の「まで」は、「弟」という極端な例を提示して、「みんなに笑われた」ということを示します。単なる「弟に笑われた」では表せない悔しさが、ここには出ています。(5)の「でも」も似ていて、「小学生の弟」がわかるのだから、皆がわかるということを言いたいのです。

　数を表す語に付いて、それが多いと感じているか少ないと感じているかを表す、数量の捉え方に関する表現もあります。

(6)　10人も来た。
(7)　ざっと見ても100人はいるだろう。

　「も」は数量を表す語と一緒に使うと、多いという気持ちを表します。「は」も(7)のような場合、「少なく見ても」という意味が加わります。

　日本語のとりたて助詞は、ことばの裏を読ませる、小さなスパイスなのです。

Q 作文してみよう

① ケーキを買いに行ったが、ひとつしか残っていなかった。
② きみこそ、我が社が求めていた人物だ。
③ 宿題を忘れて、弟にまで笑われた。
④ 10人も来た。

A とりたて助詞に関して言うと、日本語って便利で繊細で豊かな言葉だなぁ、という感想を抱きます。もちろん、ポルトガル語で日本語のニュアンスが表現できないというわけではないのですが、日本語は微妙なところまで気配りができているのではないかと思います。

と感心だけしていてもしかたないので、ポルトガル語に移す作業にトライしていきましょう。

「だけ」という言葉をポルトガル語にすれば、só, somente, apenasのいずれかが思い浮かびます。ですが、「ひとつだけ残っていた」のように肯定的に捉えるときは、「少なくともひとつは…」と考えて、pelo menosを使うとよいでしょう。よって、Pelo menos restava um.とします。

それに対し、「しか…ない」は否定的で、só, somente, apenas, unicamenteという語を使えそうです。「だけ」の場合とほとんどかぶってしまいますね。なにはともあれ、「ひとつしか残っていなかった」はRestava apenas um.とすればよいでしょう。

もうひとつ、「しか…ない」という言い回しで思いつくのは、ちょっと長たらしいですが、não...outra coisa senão...という表現があります。

Não posso pensar em outra coisa senão em ti.

「きみでない他のことは考えられない」と言っていますから、「きみのことしか考えられない」ということになります。いつか使ってみたい、言われてみたいフレーズですね（笑）。補足すると、最後のところ、ブラジルならem vocêですよ。

① ケーキを買いに行ったが、ひとつしか残っていなかった。

日本語の文をポルトガル語に訳すとき、しばしば頭を悩ますのが「数」の問題。日本語は単数なのか複数なのかをはっきりと表示しませんから、けっこう考えさせられることがあります。この文では、帰結の文で「ひとつしか」と言っていますから、ひとつだけでなく複数のケーキを買いに行ったと考えてよさそうです。すると、

Fui comprar bolos, mas …

と、わりと簡単に文を作ることができます。「ケーキ」をboloではなくbolosと複数形にしたところがみそでしょうか。「買う」はcomprarですね。

そして、後半の文ですが、先ほども見たように、restava apenas umが使えますから、

Fui comprar bolos, mas restava apenas um.

で完成です。もちろん、apenasの代わりにsóやsomenteを使ってもいいですよ。

② きみこそ、我が社が求めていた人物だ。

就活中の学生がぜひとも聞きたいはずのフレーズですが、それはさておき、ポルトガル語で表現してみましょう。

「こそ…である」と言えばやはりser…queで挟む強調構文の出番。もちろんここでもそれを使いましょう。この状況での「きみ」にどの代名詞を用いるのか迷わないでもないのですが、すでに親密さがあると考えてtuにしましょう（ブラジルならvocêですね）。

És tu que a nossa companhia procura.

上の文では「求める」という日本語の訳語にprocurarを使いましたが、「必要とする」を意味するprecisarを代わりに用いることもできます。

És tu que a nossa companhia precisa.

しかし、これら2つの文は「人物だ」という部分がきちんと反映されていません。その点にこだわって訳してみましょう。2番目のqueは関係代名詞ですね。

És tu que é a pessoa que a nossa companhia procura.

あるいはtuを最後に持ってくるのも手でしょう。「我が社」を主

語にします。

A nossa companhia precisa de uma pessoa como tu.

なお日本語にある「求めていた」を素直に「ずっと…してきた」という意味で現在完了を使うことができそうです。

És tu que o nossa companhia tem procurado.

terの現在形＋過去分詞で、過去のある時点から今までずっと…してきているというニュアンスが出ることはご存知の通りです。

③ 宿題を忘れて、弟にまで笑われた。

宿題のことはtrabalho de casa, tarefa de casa, dever de casaあるいはdeveres escolaresと言います。ですが、ここでの'宿題'は、「まで」のニュアンスをどう表すかです。

「まで」と言えば、すぐにatéを思い浮かべるかもしれません。このatéを使って「にまで」を表現することができます。「忘れて」は「忘れたので」と解釈して、comoとesquecerを使いましょう。「笑われる」は「馬鹿にされる」と考えて、ser ridicularizadoとします。

Como esqueci o trabalho de casa, fui ridicularizado até pelo meu irmão.

peloは前置詞porと定冠詞oの縮合形ですね。今は「弟」ではなく「兄弟」としましたが、自分より若いということを明示したいのならirmão mais novoとしましょう。

Como esqueci o trabalho de casa, fui ridicularizado até pelo meu irmão mais novo.

このように「笑われた」というように受動態にしてももちろんかまいませんが、能動態にすることも可能です。

Como esqueci os deveres escolares, até o meu irmão me ridicularizou.

どちらの文でも、atéの代わりにmesmoを使ってもよいでしょう。

Como esqueci o trabalho de casa, fui ridicularizado mesmo pelo meu irmão.

Como esqueci os deveres escolares, mesmo o meu irmão me ridicularizou.

④ 10人も来た。

「も」だからといってtambémを使うことはできません。「もまた」ならいいですが。なら、どうするかというと、実は考え込んでしまいます。「10人来た」なら、

Dez pessoas vieram.

でいいですが、主語が重たい感じがするなら、語順を変えます。

Vieram dez pessoas.

このように簡単なのですが、「10人も」となると工夫が必要です。「も」には「多い」という意味が含まれるわけですが、それを強調だと解釈すれば、ここでもmesmoあるいはatéを使うことができます。dez pessoasの直前で強調しましょう。

Até dez pessoas vieram.

さらに、この「多さ」に喜んでいる場合と、迷惑に感じている場合があると思いますが、そのときは副詞を補ってみるとよいでしょう。まず、うれしい時は、felizmente「幸いにも」を使い、

Até dez pessoas vieram felizmente.

となります。逆に戸惑って、「不幸にも」なら、

Até dez pessoas vieram infelizmente.

となります。なお、この「も」のニュアンスを出すときに、イントネーションも重要になってきます。

コラム 1

「の」の使い方

　日本語では、「田中さんの本」「田中さんのお母さん」「田中さんの会社」のような所有や帰属関係を、「の」を使って表します。所在地を表す「大阪の大学」などを含め、広い意味で関係性があるということを表すのが「の」の基本的な使い方です。このような表現は、ポルトガル語ではどうなりますか。

　「大阪大学」と「大阪の大学」のように、「の」があるかないかで意味が違う場合もあります。反面、「大阪の名物」は「大阪名物」と言っても同じ意味になります。ポルトガル語では、このように、「の」に当たることばを使うときと使わないときはありますか。もしあるのなら、それは日本語とどう違いますか。

　「の」は、解釈が紛らわしい場合もあります。「田中さんの絵」はどういう意味になるでしょうか。「田中さんが描いた絵」「田中さんを描いた絵」「田中さんが持っている絵」などの解釈が考えられます。このように、日本語では、「の」の解釈を文脈に委ねる場合もあります。ポルトガル語ではどうでしょうか。

　教えてください。

ポルトガル語で「の」を表わすには、英語のofに相当するdeを使うことができます。deはポルトガル語の全語彙の中でも最も頻繁に使用される単語の1つですから、やはり使いでのある便利な言葉です。

「田中さんの本」はしたがって、o livro do senhor Tanaka ですし、「田中さんのお母さん」は a mãe do senhor Tanaka、そして「田中さんの会社」は a companhia do senhor Tanaka です。

もちろん、「の」とdeがいつでも同じ使われ方をするわけではありませんから注意は必要です。「大阪大学」は Universidade de Osaka となり、deが必要です。もし冠詞をつけるとすれば、必ず定冠詞です（a Universidade de Osaka）。一方で、「大阪の大学」の場合は場所を示す前置詞emを使って、universidade em Osaka となります。日本語と異なりますね。こちらの場合は不定冠詞を使うことができます（uma universidade em Osaka）。

ちなみに、私の職場である上智大学のポルトガル語は Universidade Sofia ですが、ブルガリアの首都にあるソフィア大学は Universidade de Sofia です。上智大学の場合は、ある都市の大学名ではないので、deは必要ないのです。ソフィアにある大学はもちろん uma universidade em Sofia ですよ。

ところで、「の」でひとつ思い出したのですが、「明日の朝」のことをポルトガルで、amanhã de manhã と言いますね。このdeを素直に「の」と取ると「朝の明日」となって変です。ですが、この場合は、deは amanhã と manhã をつないでいるわけではなく、「明日、朝に」ということですから、おかしくはないのです。

そうそう、「田中さんの絵」の話がありました。これは o quadro do senhor Tanaka でよいですが、やはり日本語の場合と同じようにさまざまな解釈をゆるし、文脈によって、「田中さんが描いた絵」（o quadro que o senhor Tanaka pintou）、「田中さんを描いた絵」（o quadro que mostra o senhor Tanaka）、「田中さんが持っている絵」（o quadro que pertence ao senhor Tanaka）などの意味を補足するしかありません。mostrar は「見せる」「表す」を意味し、最後の pertencer a は「…に属する」という意味です。

§5 「ひとつも見つかりませんでした。」
"否定の捉え方"

　否定とは、「食べる」に対する「食べない」や、「寒い」に対する「寒くない」のように、「食べる」や「寒い」という事態が成立しないという意味を表す表現です。多くは「ない」（丁寧な場合には「ません」や「ないです」）を使って表されます。

(1)　彼は、鶏肉は食べるが、豚肉は食べ<u>ない</u>。
(2)　家の中はそれほど寒く<u>ない</u>。

　日本語では、数量の０は、否定です。コンピュータの検索結果で、「該当する０個の項目が見つかりました。」と言うよりも、「該当する項目は、ひとつも見つかりませんでした。」と否定で言うのが自然です。ほかに、「現実的だ」の否定を「非現実的だ」と「非」のようなことばを前に付けて表すこともあります。
　日本語では、否定疑問に対し否定で答えるときに、「はい」で答えます。

(3)　「田中さんを見<u>な</u>かった？」「はい、見ま<u>せ</u>んでした。」

　また、否定疑問は、肯定を前提としているので、肯定疑問より丁寧に聞こえたり、逆に話し手の意見を押しつけるように感じたりすることがあります。

(4)　これについて、何か質問はありま<u>せ</u>んか。
(5)　この服、安いと思わ<u>ない</u>？

　(4)は、「質問はありますか。」よりも丁寧な質問として答えやすいでしょう。(5)は、「安いと思う？」が純粋に問うているのに対し、話し手が「安い」と思っていると主張しながら質問しているように

感じられます。

　全部否定する場合と部分的に否定する場合の区別も重要です。

(6)　**全員は答えられなかった。**
(7)　**悲しいから泣いているんじゃありません。嬉しいんです。**

(6)は、「全員ではないが、何人かは答えられた。」と、部分的に否定する表現です。「全員答えられなかった。」とは意味が違います。(7)のように「悲しいから泣いている」全体を否定したい場合には、「泣いているんじゃない」とします。「泣いていない」とすると、「泣いていない」の原因が「悲しいから」という意味になり、つじつまが合いません。

　日本語では、否定を使ったほうが自然であると感じることもあります。有名な格言の「ナポリを見て死ね。」は、似た意味の「日光を見ずして結構と言うな。」のように否定で言ったほうがわかりやすいですね。日本語は、よく否定を使う言語なのです。

Q 作文してみよう

① （コンピュータの検索結果）該当する項目は、ひとつも見つかりませんでした。
②「田中さんを見なかった？」「はい、見ませんでした。」
③ 全員は答えられなかった。
④ 悲しいから泣いているんじゃありません。嬉しいんです。

A ポルトガル語の「否定」に関しては2つの大原則を覚えておくことが重要です。1つは、英語と異なり、二重（三重でもありうる）否定は規範的であるということ、2つ目は、nada「何も…ない」やninguém「誰も…ない」などの否定辞が動詞の後で用いられるときは必ずその動詞の前でやはりnãoなどの言葉によって否定されていないといけないということです。

Eu não sei nada.

これは、「私は何も知らない」であって、「知らないわけではない」と訳すことはできません。もし「何も知らないわけではない」と言いたいのであれば、Não é que não saiba nada.という接続法を使う複文になります。また、もし*Sei nada.としたら、文法的には認められない文となってしまいます。ですが、否定辞であるnadaを動詞の前に移してNada sei.とすれば文法的な文となります。

Nós não tivemos nenhum problema.

上の文は「私たちは何の問題も持たなかった」で、nenhumに「ひとつも…ない」という意味がありますが、動詞tivemosはnãoによって否定されなければならないのです。*Nós tivemos nenhum problema.は非文法的です。

① （コンピュータの検索結果）該当する項目は、ひとつも見つかりませんでした。

目の当たりにしたとき失望させられる文ですね。ポルトガル語ではどのように該当項目ゼロの現実を突きつけてくるのでしょうか。

A sua pesquisa ○○○ não encontrou nenhum documento.

主語はpesquisa「検索」になっています。その結果がゼロなのは残念ですが、さっそく期待通りの構文がもたらされました。「ひとつも…ない」という意味の不定形容詞nenhumがdocumentoの前で用いられています。そして、動詞encontrou（encontrar）「見つける」はしっかりとnãoで否定されていますね。なお、このnenhumという

語ですが、語源はnem umで、まさに「ひとつも...ない」なのです。

もっとシンプルに、Nenhum resultado encontrado.もあります。また、nenhumを使わない例を以下に２つほど紹介しておきます。

Não encontramos resultados para a pesquisa por ○○○.
Não foram encontrados resultados para ○○○.

どちらもnãoだけで否定されており、「ひとつも...ない」というニュアンスは出ていません。

最後に、課題の日本語の文をそのままポルトガル語に訳してみましょう。パソコン上では出てこないかもしれませんが、意味はバッチリです。

Não foi encontrado nenhum dado correspondente à sua pesquisa.

dadoは「データ、資料」で、correspondente aが「...に相当する」という意味です。「見つかりませんでした」については受動態não foi encontradoを使います。

②「田中さんを見なかった？」「はい、見ませんでした。」

「見なかった？」と否定で質問したからと言って、質問者は否定的な返答を期待しているわけではありません。丁寧な雰囲気を出しながら、見たか否かを相手に確認しようとしているのです。それはさておき、「田中さんを見た？」にしても、「田中さんを見なかった？」にしても、ポルトガル語にするのは簡単です。

Viste o senhor Tanaka?
Não viste o senhor Tanaka?

初級レベルのポルトガル語で、あまり面白みがないかもしれませんね。

では、返答の部分を見てみましょう。日本語では「はい」とありますが、ポルトガル語では「見てない」わけですから、否定辞nãoを使ってまず返事します。

Não, não o vi.

この返事は最初の肯定疑問にも２番目の否定疑問にも同様に使えます。なお、日本語では省略される目的語「彼を」を、ポルトガル語ではやはり明確にした方がよいでしょう。そして、nãoが使われていますから、代名詞oは動詞の前に置かなければいけません。この代名詞の配置はポルトガルでもブラジルでも同様です。

③ 全員は答えられなかった。

つまり、答えられた人も何人かいたわけです。すなわち、部分否定です。まず、もっと短い文で練習します。「全員は来なかった」と「全員が来なかった」です。「全員」はtodosです。

Nem todos vieram.
Todos não vieram.

最初の文は何人かは来たことを意味し、２番目の文は誰も来なかったことを表わしています。では、本論に戻って、「全員は答えられなかった」です。「答えられる」はsaber responderとします。

Nem todos souberam responder.

このように、todosをnemで否定すればよいわけです（não todosはダメです）。todosの代わりに、toda a gente（ポルトガル）、todo o mundo（ブラジル）を使ってもかまいません。

Nem toda a gente soube responder.
Nem todo o mundo soube responder.

これに対し、「全員が答えられなかった」はこうなります。

Todos não souberam responder.

とは言っても、やっぱりなんとなくわかりにくいです。そこで、全員が答えられなかった、つまり誰も答えられなかったとはっきりと言いきってしまいましょう。ninguémは語頭でも文末でもかま

いません。ただし、ninguémを文末に置いた場合は動詞soubeをnãoで否定することを忘れずに。

Ninguém soube responder.
Não soube responder ninguém.

一方、「何人かは答えられた」は次のようになります。不定代名詞algumの複数形algunsが使えます。

Alguns souberam responder.

④ 悲しいから泣いているんじゃありません。嬉しいんです。
「泣いているんじゃない」と「泣いていない」。確かに意味がちがいます。ですが、ポルトガル語では「泣いていない」として大丈夫です。現在進行形Não estou a chorarでいきます。その後で、原因・理由を表わす前置詞porを使いましょう。「悲しい」はestar triste、「うれしい」はestar felizとします。

Não estou a chorar por estar triste. Aliás, estou feliz.

前置詞の後ですから、動詞estarは不定形を取りますね。「むしろ」「逆に」はaliásを使ってみました。
前置詞porではなく接続詞porqueを使うこともできます。porなら不定詞となりますが、porqueとなると活用した形が要求されますからestouという1人称単数現在形を取っています。

Não estou a chorar porque estou triste. Aliás, estou feliz.

反対に、「泣く」を肯定して表現することもできます。母語話者によると、こちらの文の方がポルトガル語の文としてはしっくりくるそうです。最初のporqueの前のnãoにより「…からではない」となり、次のporqueの前のmas simにより対比のニュアンスを出します。

Estou a chorar não porque estou triste, mas sim, porque estou feliz.

§6 「ありがとうございました。」
"「た」の働き"

「た」は、基本的に過去と完了を表します。

(1) 昨日は、5時に起き<u>た</u>。
(2) 彼は、もう起き<u>た</u>？

(1)のように、影響が現在に及んでおらず現在から切り離すことのできる一時点に生じたできごとを示すのが過去です。一方、(2)のように現在まで影響（この場合、「もう起きている」こと）が続いているできごとを完了と考えます。完了の「た」は、多く「もう〜た」あるいは「すでに〜た」という形を取ります。

否定文になると、過去は「た」のままですが、完了は「た」を使いません。

(3) 昨日は、5時に起き<u>なかった</u>。（いつもは5時に起きるのだけれど）
(4) 彼は、まだ起きてき<u>ていない</u>。

日本語では、古典の時代に完了を表していた「たり」が、過去も完了も表すようになり現在に至っているため、過去と完了の区別があいまいなのです。

日本語の「た」には、一見すると、なぜここで過去や完了と捉えなければならないか、説明しにくいものもいくらかあります。

(5) ぼくの傘、ここにあっ<u>た</u>！
(6) ありがとうございまし<u>た</u>。

(5)や「バス、来たよ。」にしても、考えてみれば、傘は今目の前にあるわけですし、バスにしてもまだ来ていません。できごとは、

まだ過去になっていませんし、完了もしていません。なぜ「た」を使うかと言えば、それは、認識が成立したことを表しているからです。(6)や、結婚式の後の「おめでとうございました」は、感謝や祝意といった気持ちは持続しているのですが、その対象となるできごとが終了したという認識があり、「た」を使っています。

　一方で、日本語の小説を読んでいると、過去なのに「た」を使っていないことに気付くこともあります。日本語では、文末で時間を表すため、すべての文が「た」で終わると単調さを覚えてしまいます。そこで、「でした」や「ていました」を「です」や「います」にすることもあるのです。日本語には、日本語の「た」の使い方があるのです。

　注意したいのは、「前」や「後」などの直前の「た」の使い方です。

(7)　彼が来る前から、外に出て待っていた。
(8)　もうすぐ彼が来るはずだから、彼が来た後で乾杯をしよう。

(7)は、「彼が来た」のも過去ですから、「今」を基準にすれば過去の「た」を使うはずです。しかし、日本語では、「彼が来た前から」とは言いません。「外に出て待っていた」時点で「彼はまだ来ていない」ため、「た」を使わないのです。逆に、(8)では、「乾杯する」時点で彼はもう来ているため、未来でも「た」を使います。日本語は、2つのできごとの相対的な時間の前後関係で、「前」や「後」などの直前に「た」を使うかどうかを決める言語なのです。

Q 作文してみよう

① 昨日は、5時に起きた。今朝も5時に起きたから、まだ眠い。
② 彼は、まだ起きてきていない。
③ ぼくの傘、ここにあった！
④ 彼が来る前から、外に出て待っていた。

A 「た」が「過去」と「完了」の両方を表わすことができるということですが、それほど特別なことではないように思われます。なにしろポルトガル語でも、「完了過去」という両方を合わせたような動詞のカテゴリーがあるのですから。

もしかしたら「過去形」という呼び名で覚えているかもしれませんが、書き言葉でも話し言葉でも非常によく使われる時制ですから、しっかりと頭に入っているはずです。「完了過去」とは、eu falei, tu falaste, ele falou....と変化する活用のことです（念のため）。

Falei com o Paulo ontem. 昨日パウロと話した。
Emagreceste muito! きみはずいぶん痩せたね！

最初の文は「話す」という行為が「昨日」つまり「過去」において行われたことを表わしていますが、2番目の「ずいぶん痩せたね！」の方は「現在」にまで及ぶ「完了」として使われています。同じ活用ですが、「過去」と「完了」という異なるカテゴリーを意味していることがわかりますね。

① 昨日は、5時に起きた。今朝も5時に起きたから、まだ眠い。

順を追って作文してみますが、「昨日...した」という意味は完了過去を使えばよいことは、すでに見たとおりです。「起きる」はlevantar-seですが、ここでは主語がeuなので再帰代名詞はmeとなります。

Eu levantei-me às 5 horas ontem. （ポルトガル）
Eu me levantei às 5 horas ontem. （ブラジル）

さて、「来た、見た、勝った」ではありませんが、「昨日5時に起きて、今朝も5時に起きた」は完了過去を同じように2度続けて使ってもらって問題ありません。完了過去は続けて起こった出来事を順を追って表現することができますので。ただし、ここでは理由を表わす「から」があるので、接続詞comoを使いましょうか。

Como me levantei às 5 horas hoje de manhã também,

「今朝も」の「今朝」はhoje de manhã、「も」はtambémですね。

「5時に」を繰り返すのが嫌なら、à mesma hora「同じ時間に」とするのもよいですね。

Como me levantei à mesma hora hoje de manhã também,

最後の「まだ眠い」は「現在」の状態に関する話ですね。ここは完了過去の出番ではありません。ainda estou com sonoとすればよいのです。「まだ」はainda、「眠い」がestar com sonoです。では、全体をつなげてみましょう。

Eu levantei-me às 5 horas ontem. Como me levantei às 5 horas hoje de manhã também, ainda estou com sono.

② 彼は、まだ起きてきていない。
「まだ…きていない」は「まだ…していない」ととりますが、この「まだ…していない」は、ポルトガル語を学び始めたころにはけっこう戸惑うことがあります。日本語で肯定文の「完了」は「た」で表わされるわけですが、否定になると「た」が消えてしまい、「ていない」という「現在」の形が姿を見せるからです。

話をまぎらわしくするのは、「過去」の場合は否定文でも「た」が使われるからです。けれども、「ていない」と言うと、最初はどうしても、ポルトガル語作文で「現在形」を使ってしまいそうになるのです。ここは日本語の特性を知っておく必要がありますね。

そもそもこの文は、Ele já se levantou?「彼はもう起きたの？」という質問に対する答えでもあるわけですから、同様に完了過去が使われるのは当然なのでしょう。ということで作文すると、

Ele ainda não se levantou.

となります。

ところで、「まだ…していない」という日本語の語感に引っ張られてポルトガル語でも現在形を使って文を作るとどういう意味になるでしょうか。つまり、Ele ainda não se levanta.という文です。これは、「彼はまだ起きない」という「予定」を意味することにな

ります。まったく意味が違ってくるので要注意です。

なお、「彼は、まだ起きてきていない」をlevantar-seという動詞を使わないで表現することも可能です。

Ele ainda está na cama.
Ele ainda está a dormir na cama.

「ベッドの中にいる（寝ている）」ということは、まだ起きてきていないですよね。

③ ぼくの傘、ここにあった！

出来事が過去にもなっていないし、完了してもいないのに「た」が使われるのは、認識がすでに成立しているからなのですね。自分の傘を見つけて驚く場面でどう言うかですが、「傘」guarda-chuva の存在を認識したからと言って、estarの完了過去が登場することはまずないでしょう。

Estava aqui o meu guarda-chuva!

このように、未完了過去形（半過去形）estavaを使うのが普通でしょう。もしここで完了過去形esteveを使うと、傘がかつてここに来たが今はどこかに行ってしまった、というニュアンスとなります。日本語の意味とずいぶんと離れてしまいますね。

ですが、「あった！」を「見つけた！」と解釈すれば、完了過去を使うことになるでしょう。encontrarもacharも「見つける」の意味があります。

Encontrei o meu guarda-chuva aqui!
Achei o meu guarda-chuva aqui!

④ 彼が来る前から、外に出て待っていた。

「る」なのか「た」なのか。私たちは日ごろ深く考えもしないで当たり前のように使い分けているわけですが、分析してみると、けっこう重要な問題が秘められているわけです。ポルトガル語ではど

のような点に注意すべきなのか、じっくりと見てみましょう。

　問題は「彼が来る前から」なのですが、それは後回しにして、まず「外に出て待っていた」を片づけます。「外に出て待つ」は「外に出た」後で「待っていた」というよりは、「外で」「待っていた」と解釈します。「外で」はforaが使えます。「…を待つ」はesperar por、「…を待っている」はestar à espera deといいます。

Estava fora à espera dele.
Esperava fora por ele.

　このどちらを使ってもよいでしょう。なお、「彼を待つ」はà sua esperaとすることも可能ですが、解釈が文脈に依存してしまうので、例文にあるようにdeleとはっきり明示した方がよいですね。「来る前から」ですが、「から」を意味するdesdeはあってもなくてもよいです。「…する前」はantes queを使います。また、次の文では従属節にeleが一度出てくるので主節ではsuaを使います。なお主節では「すでに」の意味合いを持たすためにjáを補います。

Desde antes que ele chegasse, eu já estava fora à sua espera.

　日本語では「来る」と現在形ですが、このように、ポルトガル語では「過去」、しかも接続法の未完了過去となります。antes queですが、接続法を要求するのです。たとえば、次の文です。

Antes que chegue a noite, o Paulo vem.　夜になる前に、パウロは来る。

　「夜が来る前に」の場合は動詞chegarが接続法現在の形を取っていることがわかりますよね。「彼が来る」ではなく「彼の到着」とするのもよいアイディアです。

Desde antes da chegada dele, eu já estava fora à sua espera.

　発想を変えて、「彼が来るまで外で待っていた」と考えることもできますね。

Esperava fora por ele até chegar.

§7 「愛しています。」
"進行と結果状態の表現"

　日本語では、できごとが続いているという意味（進行）を、「〜ている」を使って表します。

(1) グラウンドで彼が走っ<u>ている</u>。
(2) 愛し<u>ています</u>。

　(2)のように、英語では-ingを使わない、「愛している」「住んでいる」「持っている」も、日本語では「ている」を使って表します。
　「〜ている」には、進行のほか、次のような用法もあります。

(3) 彼は、毎週、テニス教室に通っ<u>ている</u>。
(4) あれ、窓が開い<u>ている</u>。
(5) 彼は、二度、北海道に行っ<u>ている</u>。

　(3)は、毎週繰り返される動作を、進行のように捉えて「〜ている」を使っています。一方、(4)は、「開く」という変化の結果生じた状態を「開いている」で表しています。「車にひかれたのかカエルが死んでいる」や「この機械は壊れている」のような場合も同様です。日本語で「今、北海道に行っている」というのは、「北海道に行って、そこにいる」という意味です。ただ、(5)のように、回数を表す語とともに用いれば、人などの経験・経歴を表します。これは、「行ったことがある」と似た意味をもっています。
　進行と似た意味をもっているのが、「〜つつある」や「〜続ける」です。

(6) 地球温暖化が進む中、氷河が少しずつ溶け<u>つつある</u>。
(7) 会議が終わっても、彼らは議論をし<u>続けた</u>。

「溶けている」というと、溶けた結果生じた状態という意味になってしまいます。このような場合、「〜つつある」を用いて変化の進行を表すことがあります。ただし、「走りつつある」と言えば、まだ走っていないけれど走り出しそうな兆候が見られるという意味になります。

　結果が残っているという場合、(4)のように「〜ている」を使う代わりに「〜てある」を使うこともあります。

(8) **換気のために窓が開けてある。**

　「〜てある」は、誰かが意図的におこなった動作の結果が残っていることを表します。単に「開いている」というよりも、「誰かがわざわざそうした」という意味が加わっています。このように、結果が残っていることを表す場合、(4)の「開く」のような自動詞には「〜ている」を付け、(8)の「開ける」のような他動詞には「〜てある」を付けるのが基本です。

Q 作文してみよう

① 愛しています。
② 彼は、二度、北海道に行っている。
③ 地球温暖化が進む中、氷河が少しずつ溶けつつある。
④ 「あれ、窓が開いている。」「換気のために開けてあるんだよ。」

A 「…ている」と言えば真っ先に現在進行形を思い浮かべますが、実際はもっと奥の深い表現です。日本語の「…ている」をどうポルトガル語で表わすのか、細かい点はおいおい見ることにして、ポルトガル語の現在進行形に関して注意すべきは2種類の形があるということです。

Eu estou a estudar. と Eu estou estudando. 意味は同じ「私は勉強している」ですが、estar a＋動詞の不定形の前者はポルトガルで用いられる形、estar＋動詞の現在分詞形の後者はブラジルで使われる形です。

ところで、現在形を使って Eu estudo. と言っても「私は勉強している」という進行中の行為を表わすことはできるわけですが、現在形はもっと幅が広く、たとえば、Eu estudo muito. と言えば「私は勉強家です」というような意味にもなりえますね。現在時制は現在進行形をも含みうるということです。

① 愛しています。

個人的にはあまり使った、そして使われた経験がないのですが、人生において重要なフレーズです。ポルトガル語でもそれは変わりません。日本語では「…ている」という進行形の形を取っていますが、ポルトガル語では現在形を用いるのが普通と言ってよいでしょう。

Eu amo-te. / Amo-te.　　（ポルトガル）
Eu te amo. / Te amo.　　（ブラジル）

目的格代名詞 te を動詞の後に置くのがポルトガル式、その逆がブラジル式です。

ただし、日本語的に現在進行形が使われることもあります。

Eu estou a amar loucamente a namorada do meu amigo.
Eu estou amando loucamente a namorada do meu amigo.
友達の恋人を狂ったように愛している。

これだとまさに「…を愛している」ですね。

なお、このamarですが、べつに人を愛する場合にだけ使われるわけではありません。口語では「すごく好き」という意味でも用いられるのです。Amo este filme.「この映画大好き」あるいはAmei o teu carro.「きみの車すごく気に入ったよ」という感じです。

なお、誰かを愛するという表現ですが、gostar muito deも使えますし、estar apaixonado porもいいですね。

Gosto muito de ti. / Eu estou apaixonado por ti.
（ブラジルならtiの代わりにvocêです）

② 彼は、二度、北海道に行っている。

「行ったことがある」という経験や経歴を意味する日本語の文です。「…ている」が現在だからと言ってポルトガル語でも現在形が使えるかというと、そうは問屋がおろしてくれませんので要注意です。なにはともあれ、ポルトガル語の「…に行ったことがある」はestarを使います。英語のhave beenを思い起こしますね。でも前置詞は方角ではなく場所を表わすemを用います。

Ele esteve em Hokkaido duas vezes.

直訳すると「彼は北海道に二度いた」（行った、ではないですよ）となりますから、そこに「滞在」して、「経験」したという意味合いが強いですね。

また、「行ったことがある」は「すでに」という副詞と相性がいいですね。jáを使うといいでしょう。

Ele já esteve em Hokkaido duas vezes.

さて、「行ったことがある」という文を作るとき、よく迷うのが、「行く」を意味する動詞irを用いたらどうなるのかということです。

Ele foi a Hokkaido duas vezes.

この文は、「行く」という行動が示され、つまり2回北海道に行った、という事実のみを表わしていて、これまで通算で2回という

「経験」の意味合いは出ません。なお、irの後の前置詞は方角を表わすaですよね。ところで、「...に行ったことがある」というニュアンスをconhecer「知る、経験する」で表わすことも可能です。

　Eu conheço o Brasil.

と言ったら、「ブラジルに行ったことがある」人の話です。

③　地球温暖化が進む中、氷河が少しずつ溶けつつある。

　課題は「つつある」なのですが、まずは単語を確認しましょうか。地球温暖化はo aquecimento global（あるいはaquecimento do planeta）、氷河はo glaciarといいます。「進む中」という言い回しもけっこう難題ですが、「...するにつれ」と考えて、à medida queを使ってみましょう。少しずつはpouco a poucoでいいですよね。「進む」はavançarを使います。

　À medida que o aquecimento global avança,

　あるいは、「地球の温度（temperatura da Terra）が上昇する」としてみましょうか。こっちの方が簡単かもしれません。「上昇する」はaumentarです。

　À medida que a temperatura da Terra aumenta,

　さて、「つつある」ですが現在進行形を使うこともできるでしょう。「氷河」は1つだけではないので複数形にします。「溶ける」はderreter-seといいます。

　Os glaciares estão a derreter-se pouco a pouco.

　全体をつなげておくと、

　À medida que o aquecimento global avança, os glaciares estão a derreter-se pouco a pouco.

　あるいは、過去のある時点から現在まで「...してきた」というニュアンスであれば、

Os glaciares têm-se derretido pouco a pouco.

というように、ter＋過去分詞の現在完了を使ってもよいでしょう。また、同じような意味合いで、vir＋現在分詞という手もあります。

　　Os glaciares vêm-se derretendo pouco a pouco.

　逆に、これから先、未来にかけて溶けていくのなら、ir＋現在分詞を使って、

　　Os glaciares vão-se derretendo pouco a pouco.

とすることも可能でしょう。

④「あれ、窓が開いている。」「換気のために開けてあるんだよ。」
　最初の方は簡単ですね。「開いている」はestar aberto/aです。

　　Ah! A janela está aberta.

　誰かが意図的にしたのかどうかは関係なく、窓が開いているという状態を伝えるのはこれでオーケーです。で、2番目の文ですが、A janela está aberta para a ventilação.とすると、「換気（ventilação）のために開いている」となってしまい、意図的にそうしているというニュアンスが出ません。そこで、誰かが開けたということで、動詞を3人称複数形にして主語をぼかしながら、でも意図を込めてみましょう。

　　Abriram a janela para a ventilação.

「換気のために（誰かが）開けた」となります。あるいは、「開けておく」という意味を出すために、deixarを使ってもよいでしょう。

　　Deixaram aberta a janela para a ventilação.

　また、主語にalguém「誰か」を用いてもよいです。

　　Alguém abriu a janela para a ventilação.
　　Alguém deixou aberta a janela para a ventilação.

§8 「見知らぬ人が話しかけてきた。」

"方向性の表現"

　日本語では、「見知らぬ人が私に話しかけた。」は、自然な表現とは言えません。なぜならば、日本語は、文の中に「私」がいる場合、移動を含む動作を、「私」中心で捉えたがる言語だからです。この場合、「見知らぬ人に話しかけられた」のように受身で言うか、あるいは次のように言うのがふつうです。

(1)　見知らぬ人が話しかけてきた。

「てくる」を使うと自然に聞こえますね。
　日本語では、「私」が主語にあるときにはもちろん、「私」が主語にないときにも、何らかの方法で「私」が世界の中心であることを表したがります。次のような表現も同じです。

(2)　友だちが電話を掛けてきてこう言った。
(3)　「うちに遊びにおいでよ。」「うん、行く。」

　(2)では、省略されていますが、電話の受け手は「私」です。「私」が電話を掛けるのであれば、「友だちに電話を掛けてこう言った。」となるはずです。(3)も、日本語では、私が友だちの家へ移動すると捉えて「行く」を使います。このように、日本語は、「行く」「来る」や補助動詞の「〜ていく」「〜てくる」を使って、「私」から見た移動の方向性を表す言語なのです。日本語では、「私」の今いるところを基準として、そこへ近づく場合に「(〜て) くる」を、そこから離れる場合に「(〜て) いく」を使います。

(4)　ピザを買ってきたよ。
(5)　（訪問先の友人に電話で）何か買っていこうか。

日本語の出がけのあいさつが「行きます」ではなく「行って来ます」なのも、帰ってくるという移動が前提とされているためです。そうでないと、寂しい別れになってしまいます。
　「〜ていく」「〜てくる」の用法を、もう少しだけ見ておきましょう。

(6)　**飛行機が東の空から飛んできた。**
(7)　**今日のデート、何を着ていこうかなあ。**

「飛ぶ」や「泳ぐ」は、単独では動作しか表しません。移動を表したいときには必ず「〜ていく」「〜てくる」と組み合わせて使います。「着る」や「(帽子を) かぶる」のような衣服類の装着を表す動詞は、衣服や帽子を装着した状態で移動することを表します。「持っていく」なども同類です。
　このように、日本語は移動という性質には敏感な言語です。
　「〜ていく」と「〜てくる」は、変化を表す動詞とともに用いて、少しずつ変化をすることを表すこともあります。

(8)　**平均株価がじわじわ上がってきた。このまま上がっていくかなあ。**

Q 作文してみよう

① 見知らぬ人が話しかけてきた。
②「うちに遊びにおいでよ。」「うん、行く。」
③ 飛行機が東の空から飛んできた。
④ 平均株価がじわじわ上がってきた。このまま上がっていくかなあ。

A 「行く」を意味するir、「来る」を意味するvir。どちらもさまざまな用法を持ち、その中には「ていく」「てくる」に相当する使い方もあります。主語とできごとの関係を表わす、この点で日本語とポルトガル語に共通する部分を見出すことができそうです。両動詞と、もう1つの動詞の組み合せが生み出す意味の世界の一端を垣間見てみましょう。

まずは、ir/vir + 現在分詞形です。

Eu vou fazendo as compras. 私は買い物をし続ける。
Os estudantes vêm reclamando.
学生たちがずっとクレームをつけ続けてきている。

「ていく」「てくる」のニュアンスが非常によく出ていませんか。一方、ir + 不定詞は「未来」を表わすと教科書には書かれていますが、「しに行く」という意味もあります。Fui ao supermercado comprar doces.「私はスーパーにお菓子を買いに行った」。逆にvir + 不定詞は「しに来る」になります。Ela vem visitar-me de vez em quando.「彼女はときどき私を訪ねに来る」。

virについては、vir a + 不定詞もありますが、これは「するようになる」という感じです。Isso pode vir a comprometer a sua imagem.「それはいずれあなたのイメージを損なうことになりうる」。

では、irとvirのさまざまな用法を念頭に置きながら、課題をこなしていきましょう。

① 見しらぬ人が話しかけてきた。

「見知らぬ人」をどう言いましょうか。uma pessoa estranha, alguém estranhoも使えますが、単にum estranhoでもよいでしょう。

あるいは、代わりにdesconhecidoという形容詞を使ってみましょう。uma pessoa desconhecida, alguém desconhecidoとしてみます。いや、alguémだけでもいいかもしれませんし（「誰か」と言ったらだいたい知らない人ですよね）、desconhecidoを名詞として用

54

いる方法もあります。さらに、発想を変えて、um senhor, uma senhoraとするのもありえます。

さて、問題は「話しかける」ですが、「私に話しかけるな」だったら、Não me venha falar.でよいでしょう。けれども、「話しかけてきた」はfalarだけでは表現できそうもありません。そこで、べつの表現dirigir-se aを用いましょう。「私に」話しかけてきたのですから、目的語をちゃんと表します。

Alguém desconhecido dirigiu-se-me.

最後のdirigiu-se-meのところが言いにくければ（かなりフォーマルな言い回しです）、dirigiu-se a mimとしてもよいでしょう。あるいは、「言葉をかける」という解釈をしてみたらどうでしょうか。

Alguém desconhecido dirigiu-me palavras.

日本語では「かけてきた」という部分で「私に」が含意されますが、ポルトガル語ではきちんと目的語として表現しないといけません。では、「私は見知らぬ人に話しかけられた」と、受動態にするのはどうでしょうか。

*Eu fui dirigido palavras por uma pessoa desconhecida.
*Eu fui falado por alguém desconhecido.

どちらも非文法的です。いずれにしても、ir, virとは縁のない表現のようです。

②「うちに遊びにおいでよ。」「うん、行く。」
日本語は話者の視点中心の言語だということですが、どうやらポルトガル語もその傾向があるようです。誰かがドアのベルを鳴らして、室内からその誰かに応えるとき、Já venho.ではなく、Já vou.と答えます。

ですから、「うん、行く。」の動詞は「行く」を意味するirでけっこうです。「遊ぶ」はpassearを使います。「おいで」はもちろんvirです。

Vem passear a casa.　Ah, vou, sim.

「家に」というとき、所有形容詞もつけないまま「私の」が含意されるのは、日本語と同じ、やはり話者視線の優位性の表われと取ってもよいでしょう。

なお、「一緒に映画に行かない？」も日本語的に、Não queres ir ao cinema comigo?です。

③　飛行機が東の空から飛んできた。

「飛んでくる」をポルトガル語で1語だけで表わすことはできそうもありませんから、何か違う言い回しを考えないといけません。でも、「飛ぶ」voarと「来る」virを組み合わせた言い方はできそうです。ただし、その場合、voarは「飛びながら」なので現在分詞となります。「東の空」はo céu do leste、「から」は前置詞deです。

Um avião vem voando do céu do leste.

「空」の代わりにdireção「方向」とすることも可能でしょう。

Um avião vem voando da direção do leste.

いや、「方向」は取ってしまってもかまいません。

Um avião vem voando do leste.

日本語では「飛んできた」となっていますが、今目の前で飛行機を見ているのですから、virは現在形がよいでしょう。あるいは「近づく」を使うのもよいでしょう。(do céu)は省略可能です。

Um avião aproxima-se (do céu) do leste.

さらに、「近づいてくる」もいいですね。

Um avião vem-se aproximando (do céu) do leste.

視点を変えて「私」を主語にすることもできないことはありません。

Vejo um avião vir voando (do céu) do leste.

④ 平均株価がじわじわ上がってきた。このまま上がっていくかなあ。

この文でも、「...してくる」「...していく」にきれいにはまるvir + 現在分詞、ir + 現在分詞をそのまま使います。vem subindo, vai aumentandoとしましょう。「じわじわと」と言うと「ゆっくりと、でも着実に」ということですから、vir + 現在分詞だけでもそのニュアンスが出せるようにも思えますが、ここではgradualmenteを使ってみます。動詞の時制はやはり現在でよいでしょう。なお、「株」はação（この文では複数形açõesにします）、「平均価格」はpreço médioです。最初の文はこうします。

O preço médio das ações vem subindo gradualmente.

次の文ですが、「なあ」の部分に推測の意味を読み取って、será queで表わしてみます。「このまま」をassimで表現します。

Será que vai continuar a aumentar assim?

このように、「上がっていく」は「上がり続けていく」として、ir + continuar aを使います。そして、全体をまとめてみると、

O preço médio das ações vem subindo gradualmente. Será que vai continuar a aumentar assim?

もし、今後も上昇し続けるかどうか「疑問」を感じているのなら、duvidar queを用いるのもよいでしょう。もちろん、que以下は接続法になりますね。

Duvido que vá continuar a aumentar assim.

「なあ」のところに希望的観測を見てとることもできるかもしれませんね。esperar queを使います。

Espero que vá continuar a aumentar assim.

コラム2

オノマトペ（擬音語・擬態語）

日本語には、「鳥がぴよぴよ鳴く」や「石が坂をコロコロ転がる」のようなオノマトペ（擬音語・擬態語）がありますが、ポルトガル語にもあるのでしょうか。たとえば、マンガのように背景に音を表すことはあると思いますが、どんなものがありますか。

母音についても、「イヒヒ」と笑えば「うふふ」よりも陰湿な感じがしますね。ほかにも、「アハハ」は明るい笑い声、「エヘヘ」はちょっと照れた感じを表します。ポルトガル語でも同じように感じるのでしょうか。また、日本語であれば、「コロコロ」よりも「ゴロゴロ」のほうが大きな石に感じられますが、ポルトガル語はどうでしょうか。

ポルトガル語の擬音語（a onomatopeia）をいくつか紹介します。

擬音語と言うと最初に思い浮かぶのは「くしゃみ」をするときに発せられる「ハックション」に当たるAtchim!（アッチン！と聞こえる）です。なぜかと言えば、私の名前「アツシ」を告げると、ポルトガル語話者の多くが、「アッチン」とくしゃみをする真似をするからです。以前はちょっと不愉快でしたが、最近は慣れてしまいました。

もちろん他にも擬音語はあります。時計がtique-taque、古いタイプの電話がtrim-trimは面白くないかもしれませんが、コインがぶつかり合うときの擬音語plim-plimはとてもかわいらしくて好きです。なお、興味深いのはポルトガルとブラジルで差があること。ポルトガルで雄鶏はcó coró cóóóと鳴きますが、ブラジルではcócóricóです。

ポルトガル語にもオノマトペは存在するのですが、日本語ほどには頻繁に使わないようです。

さて、日本語では、虫や動物はだいたい「鳴く」ものですが、ポルトガル語ではけっこう細かく使い分けます。鳥や虫はだいたい「鳴く」よりもcantar「歌う」するものですし、日本語でも犬は「鳴く」よりむしろ「吠え」ますが、ladrar, latirという動詞が用いられます。さらに、「猫が鳴く」はmiar、豚はguinchar、ウサギやネズミはchiar、「馬がいななく」はbufar、「ライオンが吠える」はbramarという感じです。

ポルトガル語の漫画を読んでいて見つけたオノマトペの中に、大きく笑うときのRá-Rá-Rá「ハハハ」、皮肉に笑うときのHum-Hum-Hum「フッ、フッ、フッ」、落ち込んだ様子のSnif「シュン」、飲料を一気に飲み干すときのGlub-Glub「グビグビ」がありました。どこか、日本語とも似たところもあって、ますますポルトガル語に親しみを覚えます。

擬音語をとても好む言語があったかと思うと、動物や昆虫の鳴き声を細かく分ける言葉があって、世界の言語にはそれぞれ"クセ"のようなものがあるのがよくわかりますね。

§9 「ぼくたち、大きな魚に食べられちゃうよ。」

"受身と使役"

　小魚が主人公の話で、「大きな魚が、ぼくたちを食べちゃうよ。」と言ったら、どう感じますか。日本語としては文法的だけど、なんだか日本語らしくないなと感じるでしょう。日本語では、(1)のように受身を使うほうがより自然です。

(1) **ぼくたち、大きな魚に食べられちゃうよ。**

　日本語は、「私」を主人公にしたがる言語です。もちろん、「私」を客観化して表現することもなくはないですが、「私」が関わっている文では、「私」を主語にして話したいというのが、日本語らしさなのです。
　受身文では、動作を受ける側が主語になります。動作をする人は、主語ほどめだたないため省略されることも少なくありません。(2)や(3)のように、動作をする人が特に言及する必要のない場合や不特定の場合には、受身を使って省略しやすくします。

(2) **1852年、この地にはじめて鉄道が敷かれた。**
(3) **日本では、多くの方言が話されている。**

　「私」を主語にする以外に、身内やひいきのスポーツチームのように、心理的に近い人や団体なども、日本語では主語になりやすく、そのため、それらが動作を受ける側である場合には受身を用いて表されるのが一般的です。

(4) **（サッカー中継）日本、ゴールを決められ、同点に追いつかれたー！**

　日本とオーストラリアのチームが対戦しているときに、「オース

トラリアがゴールを決め、同点に追いついたー！」とは、ふつうは言いませんね。日本語の受身文では、動作のありかたにもよりますが、一般に、「私」や身近な人などが主語になるのが自然なのです。

他の人に働きかけてできごとを実現させる場合、次のように使役を使います。使役には、強制力の強い使役と、今やっていることを容認する使役があります。

(5)　コーチは、試合前に選手たちを走ら<u>せ</u>た。
(6)　公園で子どもがもっと遊びたがったので、しばらく遊ば<u>せ</u>ておいた。

(5)は「選手たちが走る」ことを「コーチ」が働きかけて実現させています。「走る」や「泳ぐ」のような自動詞の使役文では、実際に動作をする人（この場合「選手たち」）は「を」と「に」のどちらでも表されます（「を」のほうが、より強い強制力が感じられます）。(6)は、親が強制したわけではありません。使役は、必ずしも強制的な場合にのみ使われるわけではないのです。

このほかにも、日本語では、「買っておいたのを忘れていて、ケーキを腐らせた。」のような、何もしなかったことに対する責任を表す場合にも、使役を使うことがあります。

受身と使役は、能動文で表されるできごとを、立場を替えて捉える表現です。

Q 作文してみよう

① ぼくたち、大きな魚に食べられちゃうよ。
② 日本では、多くの方言が話されている。
③ コーチは、試合前に選手たちを走らせた。
④ 公園で子どもがもっと遊びたがったので、しばらく遊ばせておいた。

A 日本語は「私」を主語にしたがったり、心理的に近い人や団体をやはり主語にする傾向があったりしますが、ポルトガル語はそうでもなさそうです。「私はこのコンサートが気に入った」はもちろん、Eu gostei deste concerto.と言えますが、コンサートを主語にして、agradarという「…を喜ばせる」を意味する動詞を用いて、Este concerto agradou-me.と言ってもきわめて自然です。それに比べ、日本語で「このコンサートは私を喜ばせた」はとても不自然ですね。

また、「私はブラジル政治にとても興味がある」は、Eu tenho muito interesse pela política brasileira.のようにeuを主語にして表現することもできますが、「ブラジル政治」を主語として、A política brasileira interessa-me muito.としても全く不自然ではありません。日本語との違いを感じますね。

ポルトガル語の受動態と言えば、ser + 過去分詞という構文を思い出しますが、過去分詞を使わずに、代名詞seを使う受動態もあります。この構文で使われるseのことは、se passivo（受動態のse）、partícula apassivante（受動化の小辞）、pronome apassivador（受動化の代名詞）などと呼んだりします。例を見てみましょう。Prendeu-se o criminoso.「犯罪者が逮捕された」。この文で主語がo criminoso「犯罪者」であることは、次の文のように主語を複数形にしたとき、動詞がやはり複数形を取ることからわかります。

Prenderam-se os criminosos.　犯罪者たちが逮捕された。

受動態の文では目的語が主語になりますが、この文はその条件を満たしています。なお、このタイプの文では主語は動詞の後に置かれることが好まれます。また、このタイプの構文は動作主を明確にすることができません。*Prendeu-se o criminoso pelos polícias.「犯罪者は警察官たちによって逮捕された」。これはダメな文です。その場合は、O criminoso foi preso pelos polícias.のように、ser + 過去分詞の受動態の文にします。

ただし、この構文で使われるseは再帰代名詞ではないので、3人称単数と3人称複数でしか使えません。よく迷うのが、この受動

化のseと非人称代名詞のseの使い分けです。ここでその点を確認しておきましょう。まず、受動化のseは他動詞とともに使われ、主語の数に一致します。主語といっても、能動態の文でしたら目的語になっています。以下の文ではcarro(s)がそうです。

Comprou-se um carro.　　　　車が一台購入された。
Compraram-se vários carros.　車が数台購入された。

これに対して非人称代名詞seを用いた文を見てみましょう。

Vive-se bem neste país.　　　　　　　この国は暮らし向きがよい。
Ouve-se ruídos durante a noite.　　夜中、騒音が聞こえる。

2番目の文でouvirが複数形になっていないことがポイントです。もし、seが受動態を表わすなら動詞ouvirは複数形ouvemになっているはずなのです。

① ぼくたち、大きな魚に食べられちゃうよ。
「私たちは1匹の大きな魚に食べられてしまうだろう」と言い代えて、そのまま受動態の文にしてみましょう。

Nós seremos comidos por um peixe grande.

動詞serは単純未来形にします。comidosはcomer「食べる」の過去分詞複数形です。「魚」はpeixeですね。
未来形seremosの代わりにvamos serとしてもかまいません。ただし、上述したように、*Nós comeremos-se por um peixe grande.は文法的に成り立ちませんので、使わないでください。
「今まさに」を意味するa ponto deを使ってみると、

Estamos a ponto de sermos comidos por um peixe grande.

という文を作れますが、この状況では出てこないでしょう。逆に能動態にしても、しっくりきません。

Um peixe grande está a ponto de nos comer.

a ponto deはたとえば、Estou a ponto de partir.「私は今まさに出かけようとしている」という文で使います。

② 日本では、多くの方言が話されている。

この課題文を見て、Fala-se inglês aqui.「ここでは英語が話される」といった類の例文を思い出しませんでしたか。この文の応用が使えますね！　ですが、その前にまずは、ser + 過去分詞の受動態文を作ってみましょう。

Muitos dialetos são falados no Japão.

これでよいのですが、seを使った受け身を使うこともできます。

Falam-se muitos dialetos no Japão.

falam-seを文頭に持ってきましたが、主語はあくまでもmuitos dialetosなので、falarは複数形となります。ちょっと座りが悪くなる感じもしますが、主語を文頭に戻してもよいでしょう。

Muitos dialetos falam-se no Japão.

③ コーチは、試合前に選手たちを走らせた。

この文の「させた」は働きかけて実現させていますから、動詞としてはfazerがよいでしょう。ポルトガル語で「使役」といったとき、真っ先に思い浮かべるのは動詞fazerではないでしょうか。この場合は「作る」ではなく「させる」。「作る」を意味する動詞が「させる」という使役になるのは、英語の動詞makeを思い出させますね。なお、mandarだと「命じる」となってしまい、ちょっと強すぎる気もします。「コーチ」はtreinador、「走る」はcorrer、「選手」はatletaでもよいでしょうが、jogadorにしておきます。最後のantes do jogoはo jogo「試合」、antes de「の前に」から作られています。

O treinador fez correr os jogadores antes do jogo.

もし上の文で「選手たち」を目的語にして「彼ら」に変えるとど

うなるかわかりますか。os jogadores → os はいいと思いますが、どこにどうやって置くかが問題です。ブラジルなら、os を fez の前に置けばよいので、O treinador os fez correr antes do jogo. となります。ですが、ポルトガルでは fez の後に os を置きます。ただ、そのままというわけにはいかず、fê-los と形を変えます。

④ 公園で子どもがもっと遊びたがったので、しばらく遊ばせておいた。

今度は強制の概念がないケースですね。ならば、mandar はもちろんのこと、fazer も使えません。では、どうするかというと、「放っておく」deixar を用います。「もっと」は mais、「遊ぶ」は brincar を使います。「たがった」は「望んだ」なので querer の未完了過去 queria とし、「ので」は como で表わしましょう。また、「子ども」は話者の「息子」と解釈して、criança ではなく、filho にします。「公園で」は no parque です。

Como o filho queria brincar mais no parque,

主節には「遊ばせておいた」とありますが、「遊ぶ」という動詞を2度も繰り返すのはよくないので、「好きなようにさせた」と訳してみます。「好きなように」は à vontade、「しばらくの時間」を algum tempo で表わし、「…の間」を durante という前置詞で示します。

deixei-o à vontade durante algum tempo.

1つにまとめると、

Como o filho queria brincar mais no parque, deixei-o à vontade durante algum tempo.

主節の部分を deixar que + 接続法という構文で表わすこともできるでしょう。「遊ぶ」のところを「楽しむ」という意味の divertir-se で表わしてみます。

… deixei que se divertisse à vontade durante algum tempo.

§10 「隣の部屋で一晩中騒がれて眠れなかった。」

"被害の受身と恩恵表現"

§9では、受身の基本的な使い方について見ましたが、日本語には、外国語に訳しにくい、もうひとつの受身があります。

(1) 隣の部屋で一晩中騒がれて眠れなかった。
(2) カラオケで歌おうと思っていた歌を先に歌われてしまった。

このような受身文は、通常、被害の意味をもつことから、被害の受身などと呼ばれています。被害とはいっても、「車にはねられた」のように直接の被害を被っているわけではなく、「隣の部屋で（隣人が）一晩中騒ぐ」というできごとから、はたで間接的な影響を受けて迷惑だと感じているときに使われる受身です。

持ち物を目的語に取ることもあります。

(3) 風で帽子を飛ばされた。
(4) 車を傷つけられて腹が立った。

できごとから受ける影響は、被害だけではありません。そのできごとが有益だ、ありがたいと感じる場合もあります。このような場合、恩恵表現の「～てもらう」や「～てくれる」を使います。

(5) 兄に数学の問題を教えてもらった。
(6) 友だちが手伝ってくれて、発表の準備が早く済んだ。

「～てもらう」は、「頼んだ」という意味を含みやすい表現です。一方、「～てくれる」は、頼んでいない場合にも使えます。「あきらめてたのに、戻ってきてくれたんだ。」のように、予期していなかった場合には「～てくれる」が使われます。

日本語では、人がおこなった行為でなくとも、生じたできごとが

ありがたいと思えば「〜てくれる」を使って表します。これは、とても日本語らしい表現のひとつと言えるでしょう。

(7) **久しぶりに雨が降ってくれて、植物が生き返ったようだ。**

話し手が他の人に対して恩恵を与える場合には、「〜てやる」や「〜てあげる」を使います。

(8) **発表の準備を手伝ってあげようか。**

ただし、「〜てやる」「〜てあげる」を用いると、恩着せがましくなることもあります。

日本語は、あるできごとから受けた、迷惑だとかありがたいとかの感情を、ことばとして表したがる言語なのです。

Q 作文してみよう

① 隣の部屋で一晩中騒がれて眠れなかった。
② 車を傷つけられて腹が立った。
③ 兄に数学の問題を教えてもらった。
④ 久しぶりに雨が降ってくれて、植物が生き返ったようだ。

A 日本語の「被害受身」は外国語に訳しにくいとありますが、その通り、ポルトガル語にも訳しにくいものがあります。というよりも、そのままでは訳せません。日本語のニュアンスを表現するためには、けっこうな苦労が必要とされます。「先に歌われてしまった」を＊Eu fui cantado antes de mim.とすることはできないのです。強いてあげるとすれば、deixar-se＋不定詞という表現によって「受身」的なニュアンスを表わすという手段があります。Ele deixa-se levar pela emoção.と言えば、「彼は感情に流されるままになっている」という意味になります。

また「してもらう」も訳しにくくて、pedir「頼む」という動詞を使う方法が思い浮かびます。この「被害受身」と「恩恵表現」は日本語からポルトガル語に移すとき、大きな頭痛の種となりそうです。

① 隣の部屋で一晩中騒がれて眠れなかった。

「眠れなかった」はNão consegui dormir.でいいですが、Não consegui adormecer.とすれば、「寝つけなかった」となります。

それはさておき、重要なのは、「隣の部屋で騒がれて」の部分です。「騒ぐ」はfazer barulho、だからと言って、「騒がれた」をそのまま受身にしてfui feito barulhoとしたら、「私は騒音にされた」ということになり、何のことだか意味がわからなくなってしまいます。違う表現を考えましょう。

「被害受身」のつぼは、「迷惑」を受ける、という感情です。その点に配慮しながら訳すことが重要なのです。では、その「迷惑」を出すにはどうすればよいかというと、1つ思い浮かぶのは、「...のせいで」という言い回しです。ポルトガル語でpor causa deという前置詞句があります。これを使うことができるのではないでしょうか。graças aという表現には感謝の意味（「...のおかげで」）が入ってきますから、ここでは使えませんね。

Não consegui dormir toda a noite por causa do barulho do vizinho.

この文、実はちょっとズルしています。toda a noite「一晩中」

を「眠れなかった」の方にかけていますし、o barulho do vizinho「隣人の騒音」として「隣の部屋」を訳していませんから。ということで、もう少し正確を期したいと思います。そこで、「隣の部屋の住人が一晩中騒いだので」としてみます。「理由」はおなじみのporqueを用います。「住民（たち）」はmoradores、「隣の部屋」はquarto de ladoです。

Não consegui dormir porque os moradores do quarto de lado fizeram barulho toda a noite.

この文の方がよさそうですが、いずれにしても、「受身」の出番はなさそうです。

② 車を傷つけられて腹が立った。

「腹が立つ」はficar zangadoとしましょう。あるいは、ficar com raiva, ficar bravoも使えそうですね。

さて、課題の「車を傷つけられて」ですが、やはり「被害受身」の出番はなさそうです。*Eu fui riscado o meu carro.はポルトガル語になりません。そうそう、大事なことを抜かしてしまいましたが、「傷つける」は肉体にダメージを与えるferirではなく、物体に「傷をつける」を意味するriscarを用いましょう。

「受身」構文が使えないとなると、どうしましょうか。「誰かが傷つけて」と考えて、

Alguém riscou o meu carro,

あるいは、主語をぼかすために3人称複数形を用いて、

Riscaram o meu carro,

とするのもありかと思います。すると、

Alguém riscou o meu carro e fiquei zangado.
Riscaram o meu carro e fiquei com raiva.

といった感じで課題の文が完成します。

いや、もう１つ可能性がありました。「私の車が傷つけられて」とするのです。この場合は、

O meu carro foi riscado e fiquei com raiva.

と「受身」を使いますが、「被害受身」とは違う正統派（？）の「受身」ですね。

③ 兄に数学の問題を教えてもらった。
　この課題文を読んで、「明日の数学のテストでどこが出るかお兄さんに教えてもらったの？」と突っ込みをいれたくなりましたが、そういう意味ではないですね。簡単に「数学を教えてもらった」と考えてみましょう。「私の兄」は厳密に言うと o meu irmão mais velho ですが、「より年上の」を意味する mais velho をはぶいてしまい、o meu irmão とするのが普通です。すると、

O meu irmão ensinou-me a matemática.

と訳すことができます。「教える」は ensinar でよいでしょう。なお、ブラジル人なら、定冠詞 o を省略し、そして me を動詞の前に置いて、Meu irmão me ensinou a matemática. と言うでしょう。でも、この文だと「もらった」に込められる「感謝」の気持ちのようなものが出てきませんね。ならば、fazer o favor de「願いを聞き入れる」を使うのはどうでしょうか。「もらう」のニュアンスがしっかり出せそうです。

O meu irmão fez o favor de me ensinar a matemática.

なかなかよさそうですが、なんだか他人行儀な気もします。発想を変えて、「感謝の気持ちを持って兄から数学を教わった」と言い換えるのはどうでしょうか。「...から学ぶ」は aprender com です。

Eu aprendi a matemática com o meu irmão com o sentido de agradecimentos.

意味は充分に伝わると思いますが、これだとなんだか説明調で大

仰な気もします。

　このように、3つの文のどれも一長一短がありますが、ポルトガル語としては案外、最初の文が最も自然かもしれません。あまり日本語にこだわってはいけないケースのようです。

④　久しぶりに雨が降ってくれて、植物が生き返ったようだ。

　無生物である「雨」がfazer o favorしてくれるとは思えません。ter a bondade「善意を持つ」も変です。ですので、「私は雨が降ってくれてうれしい」と考えてみます。「うれしい」にはestar contenteを用います。contente queの後は接続法が求められるので、tenha chovido「雨が降った」という形が出てきますが、これは接続法の完了過去形です。

　Estou contente que tenha chovido depois de muito tempo,

　「久しぶり！」なんて言うときには、Há muito tempo!と言ったりもしますが、この文脈では使えません。なので、depois de muito tempoとしてみました。もっと補って、depois de muito tempo sem chuva「雨のない長い時間の後で」なんて言ってもよいでしょう。

　後半は「ようだ」をparecerで表わしてみます。parece que...の構文を使ってもいいですし、as plantas「植物」を主語に持ってくるのもよいでしょう。日本語では「生き返った」となっていますが、ポルトガル語の最初の文では「生き返る」renascerは現在進行形estão a renascerにします。また、as plantasを主語にした文では、parecem renascerでよいでしょう。

　Estou contente que tenha chovido depois de muito tempo e parece que as plantas estão a renascer.
　Estou contente que tenha chovido depois de muito tempo e as plantas parecem renascer.

　最初の文の方がより口語的で、2番目の方が文章語的な感じがするという違いはあります。

§11 「窓が開いた。」と「窓を開けた。」

"自動詞と他動詞"

　自動詞とは、「雨が降る」や「窓が開く」のように、「～が」以外の名詞句を取らなくても基本的な意味がわかる動詞で、他動詞は、「パンを食べる」や「窓を開ける」のように、「～を」のような名詞句を必要とする動詞です。

　特に、日本語では、「開く」と「開ける」のように、同じような変化を表しながら、そのできごとの生じ方に違いのあるペアが存在します。

(1)　あ、風で窓が開いた。
(2)　田中くんが窓を開けた。

　自動詞は、(1)のように、「自然に～した」という場合に使われます。「風で看板が倒れた」のような自然現象によく使われます。「風が窓を開けた」や「風が看板を倒した」とは、ふつう言いませんね。他動詞は、動作をおこなう人が必要です。(2)では、「田中くん」が「窓」に対して動作をおこなっています。「酔っ払いが看板を倒した」のように主語が人なら、他動詞を使うことができます。

　これをうまく使って、次のような表現をすることもできます。

(3)　(子どもが花瓶を倒して)「倒したんじゃないよ、倒れたんだよ。」

　(3)は、子どもが、自分の動作は関係ない、自然現象であったと主張する、簡明な表現です。

　しかし、日本語にこのような自動詞と他動詞のペアが多く存在するのは、原因が違うことを表すためだけではありません。他動詞は動作の過程を重視し、自動詞は変化の結果を重視するという点で使い分けているのです。この性質が特に強く出るのは、「～ている」

を付けた場合です。

(4) 今、建っているビルの横に、もう一棟、同じビルを建てている。

(4)では、自動詞「建つ」＋「～ている」の「建っている」が「建った」結果の状態を、他動詞「建てる」＋「～ている」の「建てている」が進行を表します（§7で見たように、他動詞を使って、意図的に結果を残したことを表す場合には、「建ててある」を使います）。

自動詞のこのような性質を利用すると、動作をする人をことさらに言い立てず、結果だけを述べることができます。

(5) ドアが閉まります。ご注意ください。
(6) お茶がはいりましたよ。休憩しましょうか。

(6)は、もちろん誰かがお茶をいれていますね。勝手に「お茶がはいる」なんてことはありませんが、日本語では謙遜を表現するために自動詞表現を用いているのです。

このほかに、「足の骨を折った」「働きすぎて体を壊した」のように、自分の体（の一部）を目的語とした他動詞表現は、全体で、自動詞相当の意味になります。

日本語には、豊かな自動詞・他動詞表現が存在します。日本語は、それをうまく使い分けて、微妙なニュアンスを表現する言語なのです。

Q 作文してみよう

① 倒したんじゃないよ、倒れたんだよ。
② 今、建っているビルの横に、もう一棟、同じビルを建てている。
③ お茶がはいりましたよ。休憩しましょうか。
④ 足の骨を折った。

A 自動詞と他動詞の区別。もちろんポルトガル語にもあります。Pedro tossiu.「ペドロは咳をした」のtossirは自動詞ですが、Ana comeu o chocolate.「アナはチョコを食べた」のcomerは他動詞です。自動詞のことをポルトガル語でverbo intransitivoと呼び、他動詞のことはverbo transitivoといいます。transitivoには「移行的な」という意味があります。intransitivoはtransitivoの否定です。なぜ「移行的」な動詞が「他動詞」となるのか。それは他動詞が能動態から受動態（受身）へと「移行」できるからなのです。確かに、*Pedro foi tossido.は言えませんが、O chocolate foi comido por Ana.は文法的にオーケーです。

　他動詞の中には、直接目的語（...を）と間接目的語（...に）の２つを取る動詞もあります。ポルトガル語の語順は直接目的語→間接目的語です。

Eu ofereço flores ao namorado.　私は恋人に花を贈る。

① 倒したんじゃないよ、倒れたんだよ。

　課題をこなす前に、「開く」と「開ける」の話ですが、思い出すのはabrirです。A porta abriu.「ドアが開いた」では自動詞ですが、Ele abriu a porta.「彼はドアを開けた」では他動詞です。abrirは自動詞でも他動詞でもあるのです。念のために言っておきますが、ポルトガル語の動詞すべてが自動詞であり他動詞であると言っているわけではないですよ。

　さて、「倒す」と「倒れる」の問題です。「倒れる」はすぐにわかるのではないでしょうか。そう、活用がやっかいな自動詞cairを使えばよいですね。ですが、cairはabrirのように他動詞でも使えるというわけにはいきません。となると使役の形にしないといけませんね。「させる」ということで、fazer cairとしてみます。なお、倒す対象は課題文にはありませんが、日本語解説には「花瓶」vaso de floresとあります。

Não fiz cair o vaso de flores, mas caiu sozinho.

caiu sozinhoのsozinhoは「一人」という意味ですが、ここでは「ひとりでに」という意味で使っています。こうすると、誰かの意図なしに倒れたという意味合いがはっきりします。

けれども、すでに見たように、fazerだと意図的にそうしたという感じが強くなります。そこで「させてしまう」を意味するdeixarにすることにしましょう。

Não deixei cair o vaso de flores, mas caiu sozinho.

こちらの方がずっと良い文です。

② 今、建っているビルの横に、もう一棟、同じビルを建てている。

自動詞「建つ」に「ている」をつけると結果状態。他動詞「建てる」に「ている」をつけると進行形。こんな器用なこと、ポルトガル語ではできません。

ビルはum edifícioあるいはum prédioのいずれかを用います。「もう一棟」ということなので、mais um edifícioとなりますね。ですがここでは「同じ」という形容詞があるので、mesmoを使いたくなるのですが、mais um edifício mesmoは言えないので、代わりに「同一の」という意味の形容詞、igualあるいはidênticoに登場してもらいます。この語の場合は「...と同じ」はigual a, idêntico aというように前置詞aが必要になります。

「建てている」は現在形でも現在進行形でも両方使えますが、後者にしましょう。主語を特定できるわけではないですから、動詞を３人称複数形にします。

Estão a construir mais um edifício igual(idêntico) a... （ポルトガル）
Estão construindo mais um edifício igual(idêntico) a... （ブラジル）

ポルトガルではestar a + 不定形（construir）、ブラジルではestar + 現在分詞（construindo）でしたね。前半の「今建っているビル」は、「すでに建設されたビル」と考えて、o edifício já construídoとしましょう。「建設された」は過去分詞形construídoです。「...の横に」はao lado deという成句があります。

75

ao lado do edifício já construído

では、以上の２つを結び付けてみましょう。

*Estão a construir mais um edifício igual (idêntico) ao lado do edifício já construído.

おや？　この文は変ですね。これだと、「…の側（lado）と同じ」と解釈できてしまいます。そこでちょっと工夫してみます。

Estão a construir mais um edifício igual (idêntico), ao lado do edifício já construído.

idênticoの後に息継ぎを置くと、課題の日本語文の意味に近づきます。なお、ポルトガル語は同じ語が２度出てくるのを嫌いますから、２番目に出てくるedifícioは省略してしまう方がよさそうです。

Estão a construir mais um edifício igual (idêntico), ao lado do já construído.

やっぱりまぎらわしいと思われるのなら思い切って変えてしまいましょう。

Estão a construir mais um edifício idêntico ao já construído ao seu lado.

最後に置かれたao seu ladoのseuは、新しく建てられる方のビルを指します。

③　お茶がはいりましたよ。休憩しましょうか。
　この文だけからでは、お茶をいれたのが「私」なのか、「他の誰か」なのか不明ですが、それはあまり考える必要はありません。お茶を主語にしてしまいましょう。

O chá está pronto.

「お茶がはいりました」をそのまま訳してO chá entrou.なんて言

ったら、「どこに入ったのか」と驚きをもって訊かれかねません。ここでは「準備ができた」と考え、prontoを使います。よく使われます。Estou pronto.「（私は）準備ができたよ」なんてよく言いますね。それはさておき、後半の文です。「休憩する」はdescansarを使いましょうか。勧誘しているので、vamosとともに使います。

Vamos descansar.

ということで、

O chá está pronto. Vamos descansar.

あるいは、intervalo「休止」を使って、

O chá está pronto. Queres fazer intervalo?

と訊ねてもよいでしょう。

④ 足の骨を折った。

「苦労した」という意味ではないですね。文字通り「骨折」したわけですから、動詞はquebrar, fraturar, あるいはpartirを使います。違いはないと思ってくださってけっこうです。まずは目的語の「骨」が現れる例文です。

Eu quebrei o osso da perna.
Eu fraturei o osso da perna.
Eu parti o osso da perna.

一方で、これら3つの動詞には「折る」だけでなく「骨を折る」の意味があります。つまり、「骨折する」という意味の動詞でもあるのです。すると、体の部位を目的語として取ることができますね。

Eu quebrei a perna.
Eu fraturei a perna.
Eu parti a perna.

これら3つの文では、a perna「脚」を骨折したわけです。

§12 「彼は泳げない。」
"可能"

　日本語には、さまざまな可能の表現があります。可能の代表的な形は、「泳げる」や「食べられる」(「泳げる」と「泳ぐことができる」、「食べられる」と「食べることができる」は、基本的に同じです)ですが、実際その意味は多様です。

(1)　**彼は、1メートルも泳げない。**
(2)　**彼は、インフルエンザで、今日は泳げない。**
(3)　**このクラブの会員でないから、彼は泳げない。**

　(1)は「泳ぎを知らない」とも言えます。泳ぎの能力の有無を表す表現です。(2)は、彼自身に原因がありますが、能力とは異なります。(3)は、クラブ会員であるかどうかという「彼」の能力以外の理由によって泳ぐことを禁止されているという意味に近い表現です。「泳いではいけない」ということもできるでしょう。
　可能・不可能の意味に近い表現に次のものがあります。

(4)　**この水着は泳ぎやすいね。**
(5)　**こんなに大勢の人に見られていては、泳ぎにくい。**

　(4)は、「すいすい泳げる」ということもできるでしょう。逆に、(5)は不可能とまではいかないけれど、困難さを感じるという意味です(最近では、「泳ぎづらい」のように「〜づらい」を使うことも多くなりました)。このような難易を表す表現も、可能に似た意味をもっています。
　日本語では、自動詞に可能の意味が含まれることがあります。

(6)　**棚の上の荷物に手が届かない。**

「手が届かない」や「大学に受かった」のような自動詞を用いた表現は、（不）可能や実現した結果を表します。外国人の日本語学習者はもちろん、日本語を母語とする幼児でも「手が届けない」と可能の形を使っていうことがありますが、もちろん、これは正式な日本語ではありません。

　外国人の日本語学習者にとって苦手な表現には次のようなものもあります。

(7)　**一生懸命練習して泳げるようになった。**

　日本語の可能は、状態を表します。(7)のように「練習」を通じて不可能な状態から可能な状態に変化することを表すときには「～できるようになる」を使います。また、一時的な状態については、「今日はよく泳げている」ということもできます。

　ほかにも、「何とも言いかねます。」「もう手の施しようがない。」「あり得ない。」のような、不可能や可能性のなさを表す表現もあります。

Q 作文してみよう

① 彼は、１メートルも泳げない。
② この水着は泳ぎやすいね。
③ 棚の上の荷物に手が届かない。
④ 一生懸命練習して泳げるようになった。

A 　日本語の「泳げない」を使った3つの例文、ポルトガル語では別々の表現を用いないといけません。特に(1)「1メートルも泳げない」と(2)「インフルエンザで、今日は泳げない」に異なる（助）動詞を使わなければならないことは入門書にも必ずと言ってよいくらい書かれていますね。

　泳ぎの能力の有無を示す(1)は「泳ぎを知らない」とも置き換え可能ですが、ポルトガル語ではまさにその「知らない」を使います（肯定文なら「知っている」）。もちろん使うのは、「（人や場所を）知っている」を意味するconhecerではなくて、もう1つのsaberの方です。Ele sabe nadar.「彼は泳げる」。Ele não sabe nadar.「彼は泳げない＝彼は金槌だ」という例文はおそらく一度は目にしたことがあるでしょう。

　これに対し、「インフルエンザで、今日は泳げない」の方は、彼は本当は泳ぎの達人かもしれないのですが、高熱にうなされるだけでなく、そもそも外出禁止なわけです。そんなときはpoderを使わなければなりません。日本語では同じ「泳げない」ですが、この場合はポルトガル語では、Ele não pode nadar.となります。

　(3)「このクラブの会員でないから、彼は泳げない」はどうでしょうか。1つの言い方はここでもやはりpoderを使うことです。Ele não pode nadar.が使えます。さらに、クラブの会員ではないから、泳ぐ権利がないとみなすこともできますね。とすると、Ele não tem direito de nadar aqui.「彼はここで泳ぐ権利を持たない」とすることができます。あるいは、「泳ぐべきではない」という解釈もできそうです。Ele não deve nadar aqui.としてみるのです。

① 彼は、1メートルも泳げない。

　これは泳ぎの能力の有無に関する文ですから、saberを使います。「彼は泳げない」を意味するEle não sabe nadar.にもう一度登場願いましょう。

　あとは「1メートルも」を補えばよいのですが、否定の文脈ですから、「でさえも…ない」を意味するnemが使えますね。nem um metroとすればオーケーです。

Ele não sabe nadar nem um metro.

もうちょっと凝った言い回しをすると、

Ele não sabe nadar nem que seja um metro.

のように、「たとえ...ではあっても」を意味する nem que＋接続法の構文が使えますね。

「能力」があることを表わすもう1つの表現方法があります。ser capaz de という言い回しです。Ele é capaz de tudo.「彼は何でもできる」というようにして使います。「泳げる」「泳げない」にも用いることができますよ。

Ele não é capaz de nadar nem um metro.

② この水着は泳ぎやすいね。

「水着」のことは fato de banho, traje de banho（ポルトガル）、maiô（ブラジル）と言います。「（運動用の）ジャージ」のことは fato de treino と言います、余談ですが。

「この水着を着るとすいすい泳げる」ということですが、この水着を着たから泳げるようになるわけではないので、saber ではなく poder を使います。「すいすい」は com facilidade「簡単に」と考えます。

Posso nadar com facilidade com este fato de banho.

今は主語を「私」にしてみましたが、se を使って不特定主語に変えてもよいでしょう。

Pode-se nadar com facilidade com este fato de banho.

「困難を持たない」とすることもできます。

Eu não tenho dificuldades de nadar com este fato de banho.

次に発想を変えて、「やすい」のところを fácil「簡単な」として

みます。この場合は前置詞deが必要になりますが、かなり自然に口をついて出てくる文です。

Este fato de banho é fácil de nadar.

③ 棚の上の荷物に手が届かない。

「手が物に届く」というときには、alcançar, chegarといった動詞を使います。A minha mão alcança（chega）a coisa…といった具合です。

さて、「届かない」に不可能のニュアンスがあるということで、poderを使ってみましょうか。なお、この文が発せられた状況は電車の中と考えてみます。「荷物」は「大きなかばん」と考えてmala、「棚」はbagageiraです。

A minha mão não pode alcançar a mala na bagageira.

しかし、上記のalcançarやchegarはどちらもやはりpoderがなくとも十分に「届かない」の意味になります。

A minha mão não chega a mala na bagageira.

今まではわざわざa minha mão「私の手」と詳しく表わしてきましたが、主語を「私」だけにしてもよいでしょう。

Não alcanço a mala na bagageira.

逆に「荷物」を主語にしてみたらどうでしょうか。「手の届く範囲に」という成句ao alcance deを使ってみます。

A mala na bagageira não está ao alcance da minha mão.

あるいは「手」を切り離して、

A mala na bagageira não está ao meu alcance.

とすることもできないことはありません。ですが、この最後の2つの文はどうも回りくどい感じがしてしまいますね。「私の手は届か

ない」「私は届かない」の方が、ずっと良さそうです。

④ 一生懸命練習して泳げるようになった。

「一生懸命練習して」はいろいろな訳し方がありそうですが、シンプルにcom todo o esforço「全力で」、com afinco「辛抱強く」あるいはcom o máximo empenho「最大限熱心に」としておきます。

さて、「...ようになる」ですが、これにピタリと来るポルトガル語を見つけるのは難しそうです。「なる」でしたら、ficarとかvir aが使えそうですが、「泳げるようになった」には使いにくいところです。ここでは、「泳ぐことを学んだ」としか言いようがないように思われます。

Aprendi a nadar com todo o esforço.

後半を、「熱心に練習したから」としてもよいですね。「練習する」はtreinarを使います。

Aprendi a nadar porque treinei com afinco.

ここでsaber nadarを思い出して、次の文を作ってみます。

*Eu soube nadar porque treinei com todo o esforço.

ですが、この文は認められません。「全力で練習したので泳げた」という意味の文にはならないのです。どうやら、「泳ぐことができる」は一瞬の出来事ではないので、完了過去形soubeとの相性が悪いようです。

ということで、saberの未完了過去形を使ってsabia nadarとするとどうなるでしょうか。porqueの後も未完了過去形treinavaを使います。

Eu sabia nadar porque treinava bastante.

この文は「十分に練習していたので私は泳ぐことができた」という意味となります。けれども、「泳げるようになった」というニュアンスは出せません。やはりaprenderという動詞に戻ってきます。

名詞の性質

　日本語では、名詞の性質が、ほかの言語と異なることがあります。日本語としては少し変な例文を挙げてみます。

(1) **?すぐ戻ってきます。門で待っていてください。**
(2) **?小林くん、後で私に来なさい。**

　日本語では、「門」や「私」ということばが場所を表しません。「門」は物であり「私」は人でしかないのです。そのため、場所を表したければ「門のところ」「私のところ」のように言わなければなりません。
　「のところ」と似ているのが「のこと」です。

(3) **ぼくは、林さんのことが好きなんです。**
(4) **学校のことで何か困ってない？**

　(3)は、「のこと」を使わず「林さんが好きなんです」と言っても同じ意味ですが、(4)は、「学校で何か困ってない？」と意味が違います。ふつう「学校で」と言えば場所を表しますので、それを避けたい場合に「のこと」を使っているのです。
　このようなことはポルトガル語にもありますか。教えてください。

ポルトガル語で「門のところで」を表わす場合、やはり「ところで」の「ところ」は不要で、no portão, na entrada だけで十分です。どちらも場所を表わす前置詞em「で」が使われていますね。

「のところ」とか「のこと」に関しては、ずいぶんと前から面白い言い方だなと思い、気になっていました。どの言語もそれぞれ興味深いですが、日本語も一度、外国語の視点に立って見ると面白い点が多々あります。

Volto já. Fique à minha espera no portão.

「すぐ戻ってきます。門のところで待っていてください」はこうなるでしょう。でも、「小林くん、後で私のところに来なさい」は日本語とポルトガル語の類似を感じます。

*Kobayashi, venha-me mais tarde.

直訳すると「私に来なさい」と言っているこの文は変ですね。と言って、日本語式に「のところ」としてもやはり変で、

Kobayashi, venha falar comigo mais tarde.

のように、「私と話に来る」がよいのではないでしょうか。「林さんのことが好き」は「こと」なしで「林さんが好き」と言います。

Eu gosto do Hayashi.

「学校のこと」はそのまま assuntos da escola と言います。Ele é especialista dos assuntos da escola. と言えば、「彼は学校の物事の専門家だ」という意味です。

でも、「学校のことで何か困っていない？」は、

Tu não tens nenhum problema na escola?

のように、「学校で何も問題はないか」と訊きます。日本語の「ところ」や「こと」をいつでもそのままポルトガル語にすることはできないようです。

§13 「あの人は嬉しそうだ。」
"話し手の判断の表し方"

　中学校で助動詞を習ったとき、「だ」は断定、「だろう」は推量、「ようだ」や「らしい」は推定などと習ったおぼえがあるでしょう。これらは、どれも話し手の判断のしかたを表す形式です。

(1)　おそらく彼が犯人だろう。
(2)　どうやら彼が犯人のようだ。

　「彼が犯人だ。」と断定できない場合でも、長年のカンから(1)のように推量したり、犯行時間の現場付近で得られた目撃証言から(2)のように推定したりすることがありますね。日本語では、このような、話し手がどのようにその判断に至ったかによって使い分ける表現がいくつかあります。
　人から聞いた情報を、そのまま伝えるのは伝聞です。

(3)　やっぱり、彼が犯人だそうだよ。

　伝聞は、「犯人らしい」と言ったり、話しことばで「犯人なんだって」と言ったりすることもあります。
　「そうだ」には、伝聞のほかに、接続の形は違いますが、見た様子を描く使い方もあります。

(4)　(ケーキを見て) わあ、おいしそう。
(5)　なんだか暗くなってきたぞ。雨が降りそうだな。

　日本語には、「嬉しい」や「楽しい」のような感情と、「熱い」「おいしい」などの感覚は、体験した本人しかそのままの形で表現できないというルールがあります。(4)のような場合、口にするまでは「おいしそうだ」と言うはずです。

可能性があることを示唆する「かもしれない」や、確信を表す「はずだ」などもよく使われます。

(6) 彼が犯人<u>かもしれない</u>。（でも、確証がない）
(7) レストランガイドで絶賛されている。この店はおいしい<u>はずだ</u>。

(6)は「犯人ではないかもしれない」という可能性を否定できない、弱い判断です。日本語では、よく、この「かもしれない」を使って、判断をあいまいにします。レストランガイドの評判という根拠から考えて、より確信をもって断言する場合には、(7)のように「はずだ」を使います。

話し手の判断を表す形式は、まだまだほかにもいろいろあります。断定に近い「～に違いない」や「～にほかならない」なども、書きことばを中心によく使われますし、確信がない場合には、「風邪<u>っぽいなあ。</u>」や「やっぱりやめとこうかな。」のように言うこともあります。日本語では、このような判断を表す形式を文の最後に付けるため、相手の顔色を伺いながら、判断のしかたを変えて示しやすいのです。

Q 作文してみよう

① 「彼が犯人だ。」「いや、彼は犯人ではないだろう。」
② やっぱり、彼が犯人だそうだよ。
③ （ケーキを見て）わあ、おいしそう。
④ レストランガイドで絶賛されている。この店はおいしいはずだ。

A 「推量」「推定」あるいは「伝聞」。これらの意味を表わすのは日本語だけの専売特許ではありません。ポルトガル語でもさまざまな言い方で、しっかりと表現することができます。

「…だろう」という推量を表わす動詞に、たとえばsuporがあります。活用は不規則動詞pôrと同じです。Suponho que o Carlos não queira sair hoje à noite.「カルロスは今夜、外出したくないと私は推測する」というのが直訳です（自然な訳は、「カルロスは今夜外出したくないのだろう」）。なお、supor queの後は接続法も直説法も使えます。

推量するのであれば、「想像する」という意味のimaginarを使ってもよいでしょう。Imagino que ele está a trabalhar agora.「彼は今頃仕事していると想像する」。

「に見える、思える」でしたら、parecerを使います。Parece que vai chover hoje à tarde.「今日の午後は雨が降りそうだ」。このparecerの用法はけっこう複雑で、O Carlos parece doente.「カルロスは病気のようだ」のように形容詞を伴うこともできます。

「伝聞」となれば、「と言われる」ですが、ポルトガル語では2通りの表現があります。不特定主語を表わす代名詞seを使う構文と、3人称複数形を使う構文です。「言う」はもちろんdizerです。Diz-se que este livro é do Século XVI.「この本は16世紀のものだと言われている」。diz-seをdizemで置き換えてもよいですね。

「違いない」「はずだ」は、Isso deve ser muito bonito.「それはとても美しいにちがいない」のように、deverで表わすことができます。

① 「彼が犯人だ。」「いや、彼は犯人ではないだろう。」

「犯人」はculpadoとしておきます。けれども、Ele é culpado.としてしまうと、「彼は犯人だ」となってしまうので、少しだけ工夫してみます。1つは、culpadoに定冠詞oをつけることです。こうすると、Ele é o culpado.となり、「彼が犯人だ」というニュアンスに変わります。§1で見ましたよね。

あるいは、やや口語的かもしれませんが、語順を変えて、

O culpado, é ele. あるいはÉ ele, o culpado. とするのもよいかもしれません。「彼が犯人だ」の前提には、Quem é culpado?「誰が犯人か？」という問いがあるので、その答えとしてはEle é culpado. は使えないのです。

では、「だろう」の後半に入ります。まず、Não, não acho. 「いや、(そうは)思わない」と答えてしまうのもシンプルでいいですけれど、「だろう」のニュアンスが消えていますね。そこで、suporを使って、

Suponho que ele não seja culpado.

としてみます。「だろう」の感じがよく出ます。あるいは、imaginarを使って、

Imagino que ele não é culpado.

としてもよいでしょう（éは直説法でいいですよ）。また、「たぶん」「ひょっとして」を意味する副詞talvezを用いて、

Talvez ele não seja culpado.

だっていいですね。talvezの後はもちろん接続法です。

さらに、接続法を習うときに必ず出てくる非人称の構文、É improvável... などを使ってもよさそうです。ただし、これはかなりくどい、もって回ったような言い方に聞こえるかもしれません。

É improvável que ele seja culpado.　彼が犯人とはありそうもない。

② やっぱり、彼が犯人だそうだよ。

「やっぱり」という言葉を、「誰もが思っていた通り」と噛み砕けば、como se imaginavaとか、como se previaという感じに訳すことができます。「私が思っていた通り」ならcomo eu imaginava, como eu previaとなりますし、「私たち」が主語なら、como imaginávamos, como previamosと動詞を変化させます。

反対に、逆説的ニュアンスで取るなら、contudoが使えます。「結局のところ」という感じのafinal de contasという成句もいいでし

ょう。
　「だそうだ」という「伝聞」は、diz-seあるいはdizemを使いましょうか。

Como se imaginava, diz-se que ele é o culpado.
Como se previa, dizem que ele é o culpado.

　すでに見たように、「やっぱり」のところはいろいろと交換してもよいでしょう。
　dizerだけでは面白くない！という場合は、「噂がある」とするのも'一興'かもしれませんね。

Há rumores de que ele é o culpado.

　もっとも、噂で犯人にされてはたまったものではないですが。

③（ケーキを見て）わあ、おいしそう。
　この例文を見て、ポルトガルで何度か経験した場面を思い出しました。日本人のグループでポルトガルのレストランに入り、テーブルに食事が並べられます。すると、日本人は必ずと言ってよいほど、「わあ、おいしそう」と歓声を上げます。まだ口にしていないのだから「おいしそう」でいいのですが、これをポルトガル語にして、

Uau! Parece gostoso.

と言うと、文法的には何ら問題のない正しいポルトガル語ですが、料理を運んできてくれたボーイさんからむっとされ、こう反論されることがありました（いつもではありません）。

Parece, não. É.　そう見えるんじゃない、そうなんだ。

　ボーイさんはおそらくすでに味見したことがあって、É gostoso.「おいしい」と断言できるのでしょうけれど、日本人からするとまだ口にしていないのですから、「おいしそう」としか言えないわけです。ちょっとしたコミュニケーション・ギャップの経験とも言えそうです。なので、「おいしそう」は気をつけて口にした方がよさ

そうです。ちなみに、

Parece que é gostoso.

としてもよいですが、parecerを使っているのですから、やはりボーイさんにしかられるリスクはありますよ。

④ レストランガイドで絶賛されている。この店はおいしいはずだ。

「はずだ」の前に、前半の文から順を追って片づけます。レストランガイドのことは、guia dos restaurantesと言います。そこで「絶賛」されているのですね。elogiarという動詞が使えそうです。ただし、muitoを添えて強調しておきます。日本語では「この店」が２番目の文で出てきますが、話題の中心なのですから最初に言ってしまった方がよいでしょう。

Este restaurante é muito elogiado pelo guia dos restaurantes.

さて、後半ですが、「はずだ」です。ここはやはりdeverの出番でしょう。

Deve ser muito bom.

あるいは、「おいしいからたくさん食べられる」という意味のCome-se bem.を応用して、

Deve comer-se muito bem aqui.

としてもよいでしょう。２つの文をつなげると、

Este restaurante é muito elogiado pelo guia dos restaurantes.
Deve ser muito bom.

となりますが、もし、「だから」というつなぎの言葉を補いたいなら、por issoを使ってもよいでしょう。

Este restaurante é muito elogiado pelo guia dos restaurantes.
Por isso, deve ser muito bom.

§14 「少しゆっくり話してください。」
"働きかけの表し方"

　人に何かしてもらおう・させようと思いことばを発する場合、命令、禁止、依頼、勧誘、助言などの表現を使います。
　命令は、依頼よりも強制力の強い表現です。禁止は否定の命令です。

(1)　早く来い！
(2)　まぜるな！　危険。

　日本語の命令や禁止表現は、面と向かって使うには非常にきつい表現で、親しい同等以下の人に対し用いられます。
　ほかにもさまざまな命令や禁止の表現があります。

(3)　(秘書に向かって) 車！
(4)　芝生に入らないこと。

　秘書に向かって「車！」と言って準備を促すなど、名詞だけを言うのはもっともぞんざいな言い方です。また、立て看板などで使われる(4)の「芝生に入らないこと」は、「芝生に入ってはいけません。」と同じ禁止の意味を表します。
　命令よりも少しやわらかい働きかけは、依頼と呼ばれます。

(5)　少しゆっくり話してください／話していただけませんでしょうか。
(6)　(フリーペーパー) ご自由にお持ちください。

　依頼の基本は「てください」です。しかし、メールなど、音声を伴わない伝達では、「てください」だけだときつく聞こえることがあります。特に、「前の授業を休んだので、小テストを返してくだ

さい。」のような場合、とてもきつく聞こえます。その場合、「返していただけませんでしょうか。」のように、「ていただく」に丁寧、否定、推量、疑問などの形式を組み合わせて、より丁寧な言い方をします。(6)は、話し手の利益のために頼んでいるのではありません。「〜してもいい」の丁寧な表現です。

　話し手が一緒に動作をすることを働きかけている場合には、勧誘表現が使われます。

(7) **一緒に遊びましょう。**
(8) **映画を見に行かない？**

　より丁寧に、「一緒に映画を見に行っていただけないでしょうか。」などと言うこともあります。

　働きかけの表現は、話し手と聞き手との人間関係によって、適切な言い方を選ぶ必要があります。反面、うまく使えれば、とってもすてきな人間に見てもらえます。

Q 作文してみよう

① （立て看板）芝生に入らないこと。
② 少しゆっくり話していただけませんでしょうか。
③ （フリーペーパー）ご自由にお持ちください。
④ 映画を見に行かない？

命令、禁止、依頼、勧誘、助言を表わす課題にとりかかる前にサクッとおさらいをしておきましょう。ポルトガル語の「命令」は、tuに対しては、直説法現在の語尾-sを取ってfala, o senhorには接続法現在になってfale。もし命令を否定したいなら（禁止ですね）、tuには今度は接続法を使いnão fales, o senhorにはnão faleとなります。1人称複数の「命令」は接続法現在を使いますが、どちらかというと「勧誘」のニュアンスが強いでしょう。

　気軽に命令できる間柄なら問題ないですが、そうでない人間関係では丁寧にお願いしないといけません。「可能」を意味する助動詞poderの未完了過去形podiaあるいは過去未来形poderiaを使って、「してもらえますか」と訊くのがふさわしいと思います。もちろん他にも言い方はありますが、それは後で確認しましょう。

　助言(aconselho)する方法もさまざまあれど、単純にaconselhar「助言する」という動詞を使うのももちろんありです。この動詞の場合はaconselhar a +不定詞という構文になります。

① （立て看板）芝生に入らないこと。

　「こと」で命令になる日本語と、ポルトガル語の間に類似点があるように思えます。ポルトガル語でも不定詞を用いて命令の意味を表わすことができるからです。不定詞は「すること」と訳せますから、共通性を見出すのです。たとえば、Não fumar.と言えば、「タバコを吸わないこと」であり、否定命令になるのです。

　立て看板の文句ですね。いくつかの選択肢があります。

Não pisar a relva.

　これは「踏む」を意味する動詞pisarの不定詞を使った形です。直訳すれば、「芝生を踏まないこと」となります。ブラジルでは、relvaの代わりにgramaを使います。

　否定辞のnãoの代わりに、proibido「禁止」を使ってもよいです。

Proibido pisar a relva.

　pisarの代わりにentrar「入る」ももちろん使えます。この場合

は場所を表わす前置詞emが必要になります。a relvaと定冠詞がついているので、縮合してnaになりますね。

Proibido entrar na relva.

ただ日常会話の中では以上のような言い方はしません。代わりに、

Não podes entrar na relva.

として、「入ってはだめだよ」という感じを出してもいいですし、

Não deves entrar na relva.

なら、「入るべきではない」とけっこうきつい感じになります。逆に、

É melhor não entrares na relva.

だと、「入らない方がいい」となり、入る人は入ってしまうでしょうね。

② 少しゆっくり話していただけませんでしょうか。

外国語を話すとき、特にまだ聞き取り能力が十分でないときは必須の表現ですね。「していただけませんでしょうか」となるとかなり丁寧な依頼と思えます。そのあたりを勘案しながら進めていきましょう。「少し」はum pouco、「ゆっくり」はdevagarです。

Não podia falar um pouco mais devagar, por favor?

poderを未完了過去にしてみましたが、過去未来形でもOKです。

Não poderia falar um pouco mais devagar, por favor?

poder + 不定詞だけが依頼の文ではありません。pedir「お願いする」という動詞を使うことは当然のように可能です。

Peço que fale um pouco mais devagar, por favor.

でも、直説法現在ですと、あまり丁寧さが出せません。なので、「お願いしたのですが…」というニュアンスを込めたいと思います。で

も、これはかなり遠回しの言い方でもあります。

Gostaria de pedir que falasse um pouco mais devagar, por favor.

「もしもっとゆっくり話してくださるなら…」という仮定の表現を使う手段もありますよ。

Seria muito gentil se falasse um pouco mais devagar, por favor.

「とても親切なのですが…」と言っていますが、丁寧すぎるかもしれません。「感謝いたしますが…」という言い方もありますね。

Agradecia imenso se falasse um pouco mais devagar, por favor.

人にものを頼むときには気を遣いますが、文法の方も複雑になってきますね。

③（フリーペーパー）ご自由にお持ちください。

このフリーペーパーと呼ばれる新聞、目にするようになったのは今から10年くらい前でしょうか。ポルトガルでも地下鉄の入口に置かれているのをよく目にしました。「フリー」から類推して、jornal livreとしてはいけません。今の課題は「自由」な新聞ではなく「無料」の新聞ですね。なので、ポルトガル語ではjornal gratuitoと呼ばれます。なお、フリーマガジンはrevista gratuitaです。

さて、tirar「取る」を使って、Tire-o livremente.と書いておいたとしたら、どうなるでしょうか。もちろん、人々はそのままお金も払わずに持っていくことでしょう（無視する人もいるでしょうけれど）。しかし、実際の現場では、そのようなポルトガル語は書かれておりません。最もシンプルなメッセージは、

Gratuito. / Grátis.

「ただ」と書いてあるのです。わかりやすくていいですよね。「ご随意に」というのもあります。

À vontade.

いや、課題となっている日本語に一番近そうな表現がありました。

Pegue à vontade.

pegarは「取る」「つかむ」を意味する動詞ですから、なかなかいいですね。

もし、あなたがフリーペーパーの配布係で、道行く人々に手渡しする状況だったら、どう言ったらいいでしょうか。許可を表わすpoderを使うことをおすすめします。

Pode levar que é gratuito.

「無料ですからお持ちください」。こんなフレーズを口にしたら自然だろうと思います。

④ 映画を見に行かない？

友人や恋人を映画に誘う。よくあるシチュエーションです。では、どんな言葉で誘いましょうか。一番すんなり出てくるのは、

Não queres ir ao cinema comigo?

だと思います。否定疑問で訊いていますがもちろん肯定の答えを期待しています。quererを使うのがみそと言えばみそで、相手の希望を訊ねます。さらに、comigo「僕と一緒に」と加えた方がいいでしょうね。

もし、動詞を活用したくないのなら、que tal?「…はどうか」を用いてもいいでしょう。

Que tal ir ao cinema comigo?

irの1人称複数形vamosも勧誘ですが、命令のニュアンスもあるので、そのあたりは要注意です。

Vamos ao cinema.

なお、Por que não vamos ao cinema?と言うと、やや強引に誘っているような感じがします。

§15 「もっと勉強しなければいけない。」
"義務・助言・許可の表現"

　人間、好きなことばかりをして過ごせるわけではありません。権利を行使したければ義務も果たさなければなりません。義務は、「〜しなければいけない」や「〜べきだ」を用いて表します。

(1) きみは、もっと勉強しなければいけない。
(2) 社会人なら、あいさつぐらいするべきだ。

　「〜しなければいけない」は、「〜しなければならない」や「〜しなくてはいけない」などと言っても基本的な意味はかわりません。話しことばでは「〜しなくちゃ」や「〜しなきゃ」とも言います。「〜しなければいけない」と「〜べきだ」は、強制力に違いがあります。たとえば、法律で決まっていれば、「〜しなければいけない」と言いますが、理想や努力目標であれば「〜べきだ」を使います。
　これらの義務の表現は、聞き手の義務を伝える場合、命令と同じ働きをもちます。命令よりもやわらかく促すには、次のような助言の表現を用います。

(3) もっと勉強したほうがいいよ。
(4) あいさつしたらどう？

　一般に、「〜したらどう？」のほうが、やわらかく聞こえます。もちろん、どちらも抑揚の付け方次第できつく聞こえることもあるので、言い方には注意が必要です。
　相手に促す表現では、「〜てもいい」のような許可を与える表現もあります。

(5) 掃除が終わったら、もう帰ってもいいですよ。

許可を与える人は、そのような権限をもった人です。たとえば、(5)のように先生に言われたら素直に帰りますが、友人が掃除をしているのを手伝ってあげたのに(5)のように言われたら怒ってしまいます。

　このようなことは、一見、あたりまえのように感じるかもしれませんが、実際、次のような応答はよく耳にします。

(6)　**先生「暑くなってきましたね。暖房を消してもいいですか。」**
　　　学生「いいですよ。」

　「いいですよ」では、先生に対し許可を与えていることになってしまい、失礼です。この場合、学生が実際に暑いと感じているのなら、「お願いします」を使います。

　§14の働きかけの表現やこの課の助言や許可の表現は、日本語に限らず、相手や場面に応じて使い分ける必要があります。上手に使ってよい人間関係を構築したいものです。

Q 作文してみよう

① きみは、もっと勉強しなければいけない。
② もっと勉強したほうがいいよ。
③ 掃除が終わったら、もう帰ってもいいですよ。
④ 「暖房を消してもいいですか。」「お願いします。」

A 義務。「…しなければならない」と思うと、なんとなく気分が重たくなります。でも、義務を表わす構文を学ぶ義務があるわけです。するとやはりdever＋不定詞を身につけなければなりません。Devo trabalhar hoje também.「今日も仕事しなければならない」という具合に。

こんなふうに言われてちょっと気分がめいった人には、アドバイスが必要かもしれません。たとえば、É melhor não pensar dessa maneira.「そんなふうに考えないほうがいいよ」という助言をしてあげるのです。É melhor ＋不定詞あるいはque＋接続法、憶えておくべき構文です（また義務を課してしまいました、すみません）。もっと軽い感じで、que tal...?「…はどう？」と訊きながら助言してあげても状況次第ではよいでしょうね。

助言にしても、義務を課しているわけではないとはいえ、やはりどこか相手に負担を負わせています。なので、もっと楽にしてあげるためには、相手の意向をそのまま許可してあげましょう。「…してもいい」を表わすにはpoderが使えます。Pode descansar.「休息を取っていいよ」。こう言ってもらえれば、みんな大喜びですね。

① きみは、もっと勉強しなければいけない。

なんだか身にしみるフレーズですが、ポルトガル語にするのはさほど難しくはありません。「きみは」と主語が特定されているので、そこをしっかりと出しましょう。「義務」はもちろんdeverです。

Deves estudar mais.

これで完成です。あっけなくて面白くないですか？　ではもう少し別の可能性も考えます。

Tens de estudar mais.

terという動詞と前置詞deを組み合わせて「…する必要がある」を意味するのです。deの代わりにqueとして、ter queを使ってもよいでしょう（Tens que estudar mais.）。haver queという組み合わせを使うこともできますが、こちらはhá queという非人称的な使

い方しかできません。ただし、誰に対してというわけではないですが、義務感はかなり強く出せます（この表現、ブラジル人はあまり言わないようですが）。

Há que estudar mais.　もっと勉強しなければならない。

② もっと勉強したほうがいいよ。
　大きなお世話だ！と反抗してしまう前に、「...するほうがよい」という言い回しを覚えましょう。すでに述べたように、É melhorを使います。

É melhor estudar mais.

いや、これだと非人称的で、誰が勉強するのかいまひとつはっきりしませんね。そこで前置詞句を補ってみます。

É melhor estudar mais para ti.

「きみにとって」を入れたので、「きみが勉強する」ことが明確になりました。でも、思い出しませんか。この構文で主語をはっきりさせる方法がポルトガル語にあることを。そうです、人称不定詞を使うのです。

É melhor (tu) estudares mais.

tuをカッコに入れたのは、言っても言わなくてもどちらでもいいからです。大事なのは、不定詞であるにもかかわらずestudaresと活用することですね。
　さらに、もう1つ別の手段もあります。É melhorを使いますが、その後はque＋接続法とするのです。不定詞より活用がやっかいかもしれませんが、憶えておくべき構文です。

É melhor que estudes mais.

ところで、「...するほうがいいよ」とは助言してるわけです。ならば、aconselhar「助言する」とはっきり言うのはどうでしょうか。

Aconselho-te a estudar mais.

　うーむ。なんだか校長先生に呼び出されて説教されている感じがします。前置詞aを忘れずに。
　また、aconselhar que＋接続法も可能です。

Aconselho-te que estudes mais.

　直説法現在だとちょっとぞんざいな気がするというのなら、aconselharの時制を未完了過去にしてみましょうか。

Aconselhava-te que estudasses mais.

　この文、1つの解釈としては、「もっと勉強しないとどうなるかわかっているでしょうね」という、脅迫的なニュアンスも汲み取ることができます。

③ 掃除が終わったら、もう帰ってもいいですよ。
　ちょっと上から目線を感じますが、学校生活などでは先生から生徒に向かって使われそうです。「帰って」は「家に帰る」と想定すると、「もう帰ってもいいですよ」は、次のようにします。

Podes voltar para casa.

となりますが、もし必ずしも家に戻るわけではなく、その場から出ていくということなら、

Podes sair.

　なお、日本語には「もう」がありますが、ポルトガル語では言わなくてもよいでしょう。
　さて、「掃除が終わったら」の部分をつけ加えてみます。「掃除する」はfazer limpezaを使います。depois deは「…の後で」です。

Depois de fazer limpeza, podes voltar para casa.

　これでも十分な答えですが、「掃除を終えた」という完了のニュ

アンスをもう少しはっきりと出してみてもよいでしょう。ter＋過去分詞を使います。この場合はlimpezaに定冠詞aをつけたくなります。掃除の行為が実際に行われたからなのでしょう。

Depois de ter feito a limpeza, podes voltar para casa.

さて、許可の話ですから、許可するという意味の動詞permitirを使ってみましょう。ter＋過去分詞の使用は義務ではないので、ここでは使いません。

Permito-te voltar para casa depois de fazer limpeza.

ただ、これだと「許してやる」という感じで、かなり上から目線の文になってしまいますから要注意です。また、depois de fazer limpezaの主語があいまいで誰が掃除するのかわからないので、人称不定詞を使って主語を明確にしておいてもよいでしょうね。

Permito-te voltar para casa depois de fazeres limpeza.

④「暖房を消してもいいですか。」「お願いします。」

まず最初の文ですが、暖房はo aquecimentoです。「消す」はdesligar。許可を求めているので、poderを使います

Posso desligar o aquecimento?

「もちろんいいですよ」ならÉ claro que sim.と答えられますが、「お願いします」の意味は出ないですね。ならば、Sim, por favor.とするのがいいでしょう。

感謝の気持ちを込めるなら、

Sim, obrigado.

のように「ありがとう」と言うのもいいでしょう。あるいは、友達同士の間柄なら、Como quiseres.「お好きなように」と言ってしまうのもありでしょうね。

§16 「おいしいステーキが食べたいなあ。」
"意志・願望の表現"

次に、意志や願望などの表現を見ていきます。
意志は、「しよう」のような意向形のほか、「する」のような終止形でも表されます。「する」は、「ぞ」のような終助詞を伴うこともあります。

(1) 来年こそアメリカに留学<u>しよう</u>。
(2) 絶対、コンクールで優勝<u>するぞ</u>！

「しよう」よりも「する(ぞ)！」のほうが、強い意志を表します。
意志や願望を具体的な行動に移す決心を表すには、次の表現が使われます。

(3) 長年の夢だったアメリカ留学を、今年こそかなえる<u>つもりです</u>。
(4) 今年の秋、アメリカに留学する<u>ことにした</u>。
(5) これからは遅刻しない<u>ようにします</u>。

(3)のような「つもりだ」よりも、(4)のような「ことにする」のほうが、具体的で現実的な決心を表します。(5)の「ようにする」は、習慣的な動作や状態の実現に向けて努力をするという意味で使われます。なお、「つもりだ」の否定には、「家へ帰らないつもりです」と「家へ帰るつもりはありません」の2つの表現がありますが、後者のほうが強い否定です。
願望の表現には次のようなものがあります。自分が動作をする場合には「～たい」、物には「ほしい」、ほかの人の動作を望む場合には「～てほしい」を使います。

(6) おいしいステーキが食べたいなあ。
(7) 新しいテニスのラケットがほしい。
(8) 彼女に優勝してほしい。

「〜たい」と「ほしい」は、ふつう、対象を「が」の格で表します。「〜てほしい」は、「〜てもらいたい」と言うこともできます。

願望は本人しかわかりません。ですから、日本語では、「×妻は、ステーキが食べたい。」や「×夫は、テニスのラケットがほしい。」のように第三者を主語にして「〜たい」や「ほしい」は使えません。代わりに、気持ちを感じ取って、「妻は、おいしいステーキを食べたがっている。」や「夫は、テニスのラケットがほしそうだ。」のように「〜がる」や「〜そう」「〜らしい」などを使って表現します。日本語は、直接感じていることと、間接的に感じ取ってわかることを、こういう場合にも表現し分ける言語なのです。

Q 作文してみよう

① 来年こそアメリカに留学しよう。
② 長年の夢だったアメリカ留学を、今年こそかなえるつもりです。
③ おいしいステーキが食べたいなあ。
④ 夫は、テニスのラケットをほしがっている。

A 意志。ポルトガル語ではvontade。何かをしようという気持ちを持つなら、ter vontade deという言い回しが使えます。「ブラジルに行きたい」でしたら、Tenho vontade de ir ao Brasil. と言います。

　ちょっと積極性では落ちるかもしれませんが、「…するつもり」なら、ter intenção deが使えます。Tenho intenção de visitar o Brasil. と言えば、「ブラジルを訪問するつもりだ」です。

　いや、もっとシンプルに動詞ir＋不定詞も意志を表わすことができますね。Vou visitar o Brasil no próximo ano. これもまた、「来年ブラジルを訪問するつもりだ」となります。

　「考える」「思う」という意味で覚えている動詞pensarだって意志を表わすことができるのです。Penso visitar o Brasil no próximo ano.は「ブラジルを訪問しようと考えている」ということで「考える」ニュアンスが強くなり、意志というよりは意思かもしれませんが、知っておいてよい動詞の用法だと思います。

　一方、願望を表わすのは、言うまでもなくquererです。「…したい」の定番です。Quero ir ao Brasil.「ブラジルに行きたい」。とても率直な物言いです。または、desejar「望む」という動詞も使えます。gostar deも、過去未来形（あるいは未完了過去形）にすれば願望の表現となります。Gostaria de conhecer o Brasil.「ブラジルを知りたい（ブラジルに行ってみたい）ものです」。

　これ以外にもさまざまな表現方法がありますので、課題をこなしながら見ていくことにしましょう。

① 来年こそアメリカに留学しよう。

　同僚のブラジル人と「留学」について話していると、面白いことに気がつきます。もちろんポルトガル語で話しているのですが、「留学」の部分はポルトガル語ではなく日本語で「リューガク」と言うのです。そう、「留学」をそのまま一語で言うことはポルトガル語ではけっこう難しいのです。あえて言えば、estudos no estrangeiroという表現が使え、Ele fez os seus estudos no estrangeiro.「彼は海外で勉強した」という文を作ることができますが、「留学」とは

若干意味合いが違う感じがします。むしろ、intercâmbio internacional「国際交流」の方がよいかもしれません。また、動詞表現の「留学する」はestudar no estrangeiroくらいでしょう。

話し手の方はどうやらアメリカに留学するらしいので、estudar nos Estados Unidos da Américaと言うべきでしょう。

No próximo ano, vou estudar nos Estados Unidos da América.

irだけが意志を表示する動詞ではなかったですね。ter vontade de「...の意志を持つ」を使ってみます。

Tenho vontade de estudar nos Estados Unidos da América no próximo ano.

この文では、「意志を持つ」のが「今年」ではないので、no próximo anoは文末に移動させます。また、意志の強さを強調したければ、vontadeに「確固たる」という形容詞firmeをつけてもいいかもしれませんね。そのときは定冠詞が必要になります。

Tenho a firme vontade de estudar nos Estados Unidos da América no próximo ano.

② 長年の夢だったアメリカ留学を、今年こそかなえるつもりです。

「つもりです」のところが重要な課題ですが、その前の部分がなかなか手ごわいですね。まずは一通り文を作ってしまいましょう。

Pretendo realizar, este ano, os estudos nos Estados Unidos da América com os quais sonho desde há muito tempo.

ずいぶんと長い文になってしまいましたが、噛み砕いて説明します。まず、「...するつもりだ」はpretenderを使います。「かなえる」は「実現する」と考えて、realizarという動詞にしました。este anoの位置ですが、今年実現するわけですから、その一番近くに置くことにします。sonho desde há muito tempoとは、「ずいぶんと前から夢見ている」という意味ですが、「...の夢を見る」はsonhar com...

です。男性複数名詞を先行詞とするos quaisに引っ張られてその前置詞comがsonhoから離れています。この辺りはけっこう高度な文法知識が必要ですね。

でも、なんか上の文はすっきりしない感じがします。と言うよりもむしろ悪文の類かもしれません。日本語から少し離れてしまうかもしれませんが、もっとポルトガル語らしい文にしてみます。

Este ano, pretendo estudar nos Estados Unidos da América, o que é o meu sonho de longos anos.

realizarを取ってしまい、また、前の文全体を先行詞とする関係詞o queを用いてみました。最後の部分は「長年の夢」とそのまま訳しておきます。この方がスリムですよね。あるいは、次のようにするとさらにすっきりとします。

Pretendo realizar o meu sonho de estudar nos Estados Unidos da América este ano.

こうすると、「夢をかなえるつもり」、そしてその夢とは「アメリカで勉強すること」という流れがわかりやすくなります。

「するつもり」と言っていますが、「することにした」と考えたらどうなるでしょうか。これは「決めた」「決意した」ということですから、decidirという動詞の完了過去を使います。

Decidi estudar nos Estados Unidos da América este ano, o que é o meu sonho de longos anos.

③ おいしいステーキが食べたいなあ。
これはもう何と言っても、quererの出番としか言えません。

Quero comer um bom bife.

やはり願望を表わす動詞desejarを使うことも可能です。

Desejo comer um bom bife.

gostar de ＋不定詞も使えます。ただし、時制は未完了過去あるいは過去未来ですよ。

Gostava (Gostaria) de comer um bom bife.

ちょっとくどくなりますが、こんな言い方はどうでしょう。

Espero poder comer um bom bife.

「食べることができることを期待する」というのが直訳ですが、もともと「おいしいステーキを食べる」という計画があって、それが実現してほしい、という含意があります。

④ 夫は、テニスのラケットをほしがっている。
　ここは、日本語とポルトガル語の違いがはっきりと出てくるところですね。「私は...がほしい」が言えても、「夫は...がほしい」と言えないというのは日本語の場合であって、ポルトガル語ではそのような心配は不要です。「私は、テニスのラケットがほしい」と「夫は、テニスのラケットをほしがっている」をそれぞれ訳すと、

Eu quero uma raquete de ténis.
O meu marido quer uma raquete de ténis.

という具合で、1人称queroと3人称querの活用の違いはありますが、あくまでもquererの直説法現在形が用いられます。「ている」につられて、O meu marido está querendo.と進行形にすると、まさにその瞬間に欲しがっているという意味になります。「ほしがっている」ときにはおおよそ買いたがっているということでしょうから、「買う」という動詞を補ってもよいでしょう。

O meu marido quer comprar uma raquete de ténis.

もし「らしい」というニュアンスを出したいなら、

Parece-me que o meu marido quer uma raquete de ténis.

のように、parecer「...のように思える」を使うのがよいでしょう。

コラム4

その「〜と思います」は必要ですか？

日本語では、よく、「と思います」を使います。話しことばならともかく、作文やレポートであまり使いすぎると、何だか主張の弱い文章になってしまいます。

(1) **主人公は、とてもさびしそうだと思いました。もっと、周りの人が助けてあげるべきだと思います。私が困っている人を見たら、ぜったい助けると思います。**

「と思います」には、2種類あります。「〜そうだ」や「〜べきだ」のような、話し手の判断を表す形式に付く場合には、「と思います」なしで「さびしそうでした」や「あげるべきです」と言っても、あまり大きな違いは感じられません。しかし、「ぜったい助けます。」と「ぜったい助けると思います。」とでは、決心の強さに違いがあるように感じられます。

ポルトガル語では、どんなときに「〜と思います」に相当する表現を使いますか。

ポルトガル語を話す日本人について、以前、ブラジル人の知り合いから「日本人はすぐに Acho que…（アショ・キ…）って言うよね」と、からかい半分で言われたことがあります。Acho que とはまさに「と思います」の意味です。ブラジルには、この動詞acharに -ismo「イズム」をつけて作ったachismoという語があるのですが、「と思う」の乱用は責任回避につながるとして、ときに Você vive no mundo do achismo.「きみは"アシズモ"の世界に生きている」と言われ、非難されるのです。

それはさておき、自分の意見を表明する方法に、直説法を使ってそのまま考えを述べることがあります。明瞭で清々しささえ感じさせる表現方法です。

Lisboa é uma cidade linda.　リスボンは美しい町です。

もし「リスボンは美しい町です」と「思う」のなら、Acho que を使ってもいいですよ。

Acho que Lisboa é uma cidade linda.

日本語の「思う」に相当するこのacharですが、Acho que…はもちろんのこと、Acho que sim.「そう思います」、Acho que não.「そうではないと思います」、Eu não acho.「私はそうは思いません」など、きまった形のフレーズとしても用いられます。

acharほど頻繁に用いられないかもしれませんが、pensarもとても重要な動詞です。けれどもpensarはもう少しかたい感じがして、客観的事実に基づいた理性的な意見の表明に使われる動詞です。「思う」より「考える」のニュアンスでしょう。

Penso que és a pessoa certa para este cargo.
このポストにきみはふさわしい人物だと私は考える。

もちろん、この文ではPenso queの代わりにAcho que…としても問題ないですよ。そのほか、na minha opinião「私の意見では」、para mim「私にとって」、a meu ver「私の見るところ」、por mim「私なら」といった前置詞句も使われることがよくあります。

§17 「雨が降るから、傘を持っていきなさい。」

"原因・理由と逆接の表現"

日本語では、「から」や「て」などの接続助詞と呼ばれる助詞を用いて、より複雑な文、つまり複文を作ります。複文にはいろいろな意味による結びつきがありますが、ここでは、原因・理由と逆接の表現を見ていきましょう。

(1) 雨が降る<u>から</u>、傘を持っていきなさい。
(2) 雨が降らない<u>ので</u>、農家の人が困っています。
(3) 風邪を引い<u>て</u>学校を休んだ。

原因や理由を表す代表的な接続助詞は、「から」と「ので」です。「から」は、後ろに依頼や命令、あるいは推量の表現が来る場合に使われる、主観的な原因や理由の把握を表す接続助詞です。一方、「ので」は、(2)のような客観的な描写によく使われます。因果関係を過去の事実として簡潔に表す場合には、(3)のように「て」を使います。

原因や理由を表す表現には、ほかにも次のようなものがあります。

(4) 大雨が降った<u>ために</u>、作物が全滅した。
(5) インフルエンザが流行した<u>せいで</u>、旅行が中止になってしまった。

「ために」は、より客観的でかたい文章でもよく使われます。また、(5)のような、前の部分が原因となって「悪い事態が実現した」ことを表す「せいで」や、逆に、「よい事態が実現した」ことにも使える「おかげで」などの表現も、原因や理由を表すために使われます。

日本語にこのように多様な原因・理由の表現があるのは、日本語が、主として言いたい部分よりも原因・理由を表す部分をふつう前に置く言語だからです。最後まで聞かないと文全体の伝えたいこと

がわからないのでは困るので、接続表現を聞けばある程度推測できるようにしているのです。

これは、逆接の「ても」と「のに」の場合にも言えます。

(6) 彼女は、お金がなくても、いつも笑顔を絶やさなかった。
(7) せっかくケーキを作ったのに、彼は食べてくれなかった。

(6)は「なかったが」と言っても同じ意味です。(7)の「のに」は、より主観的で、「せっかくケーキを作った」というできごとから予想される結果が得られないことに対する驚きや不満を表します。

このように、接続助詞自体が後の部分を予測させる力をもっていることから、後の部分を言わない用法も発達しました。

(8) 会議、もうすぐ終わるからね。
(9) せっかく作ったのに。

(8)は、要求部分を聞き手の想像に任せることで、やわらかく「待っていてね」などと要求しています。また、(9)は、「食べてくれない」または「食べてくれなかった」ことをうらめしく思っていることを表しています。

日本語の語順ならではの形式の多様性と働きがあるのです。

Q 作文してみよう

① 雨が降るから、傘を持っていきなさい。
② 風邪を引いて学校を休んだ。
③ せっかくケーキを作ったのに、彼は食べてくれなかった。
④ せっかく作ったのに。

A 原因や理由を表現する方法は、ポルトガル語だって日本語に負けず劣らずなかなか豊富です。簡単に使えるものもあれば、詳しい説明が必要となりそうな複雑なものもあります。それはどの言語でも同じかもしれませんが、まずはポルトガル語の原因・理由を表わす語句をざっと並べてみます。

porque「だから」、por「(名詞・不定詞とともに) だから」、por causa de「のせいで」、devido a「ゆえに」、como「なので」、já que「なので」、visto que「から見て」、dado que「なので」、pois「なので、だから」、é que「というのは」、くらいでしょうか。

以上の語句をそれぞれ簡単に説明すると、

porque：原因・理由を表わす語句の中で最も頻繁に使われるのがこれですね。Não vou porque não tenho dinheiro.「お金がないので行きません」。

por：意味は「だから」ですが、名詞や不定詞とともに用いられます。また、話し言葉より書き言葉で多く使用されます。

Comprei este computador por ser o mais barato.「最も安いから、このコンピューターを買いました」。

por causa de, devido a：この2つは同じような文脈で使用されますが、話し言葉ではpor causa deの方が好まれます。devido aはフォーマルな感じがしますね。Não vou sair por causa da chuva.「雨のせいで外出しない」。O voo foi cancelado devido ao mau tempo.「フライトは悪天候ゆえにキャンセルされた」という文は空港のアナウンスなどで聞かれます。

como：文頭に現れることが普通で、帰結の文の内容を説明する文が続きます。Como não falo japonês, preciso de um intérprete.「日本語が話せないので、私は通訳が必要だ」。

já que：意味は上記のcomoとよく似ていますが、主節の後に置かれることがあるという点で違いが見られます。Vou aprender português, já que há muitos brasileiros na minha cidade.「私の町にはたくさんブラジル人がいるので、ポルトガル語を学びます」。

visto que, dado que：どちらも書き言葉での使用が主です。意味は上記に述べた通りです。Visto(Dado) que o réu morreu, o julgamento foi cancelado.「被告が死亡したので、裁判は打ち切られた」。

　pois：ポルトガルでは話し言葉でも使いますが、ブラジルでは書き言葉での使用が主です。主節の後で使いましょう。Ele não vem hoje, pois está doente.「彼は今日は来ません。病気ですから」。

　é que：これは話し言葉で使われる表現です。É que tenho de sair já agora.「今すぐ外出しなければならないというわけなので」。

　さて、以上のことを念頭に置きながら、課題をこなしていきましょう。

① 雨が降るから、傘を持っていきなさい。
　後半の部分は、levar「持っていく」と guarda-chuva「傘」を使って、

Leva o guarda-chuva.

でよいでしょう。前半の「から」に関しては、話し言葉であることに注意すれば、ふさわしい訳を作ることができるはずです。

Leva o guarda-chuva porque vai chover.

　ここではやはり万能の（？）porqueを使うのがよいでしょう。もちろん、comoだって使えます。ただし、comoの節は文頭に置きますよ。

Como vai chover, leva o guarda-chuva.

② 風邪を引いて学校を休んだ。
　過去の事実として因果関係を表わすだけなら、接続詞のeを使えば訳すことができそうです。

Apanhei constipação e não fui à escola.

　もしインフルエンザならgripeですが、ここは素直にconstipação「風邪」としておきます。「引く」にはapanharを使います。しかし、

風邪を引いたことが原因で、というニュアンスをはっきり出そうとするならば、それなりの言い回しが求められるでしょう。

Não fui à escola porque apanhei constipação.

もちろん、これでオーケーです。また、①と同じく、comoを使ってもよいですよ。

Como apanhei constipação, não fui à escola.

por causa deを使えば、

Não fui à escola por causa da constipação.

とすればよいですし、「(風邪を) 引く」を残したければ、関係代名詞のqueを使って、

Não fui à escola por causa da constipação que apanhei.

とすることができます。devido aも使えますが、やはりかたい文になることは否めませんし、自分自身に使うのは変な感じがします。ですので以下の文では主語を変えます。

Ele não foi à escola devido à constipação (que apanhou).

③ せっかくケーキを作ったのに、彼は食べてくれなかった。

今度は「逆接」の文です。「のに」は「のだけれど」「のだが」と考えればよいですね。すると、masを使うことが真っ先に思い浮かぶのではないでしょうか。

Fiz um bolo para ele, mas não o comeu.

いや、これだけですと、「せっかく」のニュアンスが出ていません。そこで、「特別に」を意味するespecialmenteをpara eleの前に置きましょう。そうすると、「せっかく」という感じが出せそうです。

Fiz um bolo especialmente para ele, mas não o comeu.

「せっかく」をcom muito esforço「大変努力して」と訳出すると、なんだか大げさな感じがするので、やめておきます。また、「くれる」も省いた方がポルトガル語としては自然でしょう。ter a bondade de「善意を持って〜する」なんて言い回しは、やはり大げさで違和感を与えます。
　ちょっと厄介ですが、「...ではあるけれども」を意味するembora＋接続法を使うことも可能です。

　Embora eu tivesse feito um bolo, ele não o comeu.

　「食べなかった」より前に「作った」ので、emboraの後では接続法の過去完了tivesse feitoを使うことにします。tivesseはterの接続法未完了過去形ですね。

④　せっかく作ったのに。
　この含みを持たせた表現。ポルトガル語でそのままのニュアンスを伝えることは難しいかもしれませんが、やはりmasに頼るのがよさそうです。

　Fiz um bolo para ele, mas...

　さきほどと同じく、残念さを出すために、「特別に」という副詞を入れると、

　Fiz um bolo especialmente para ele, mas...

という文を作ることができ、「彼のために特別に作ったのに」となります。
　さらに、③のembora...を使って、

　Embora eu tivesse feito um bolo...

とすることも可能です。「...」の部分の含意を読み取るくらいのことは、ポルトガル語母語話者もしてくれます。ポルトガル語のコミュニケーションでも沈黙を上手に使ってみてください。

§18 「春になると花が咲く。」
"条件と時間の表現"

　複文のもっとも重要な表現のひとつに、条件の表現があります。

(1) **春になると花が咲く。**
(2) **雨が降れば、お祭りは中止になる。**
(3) **飲んだら乗るな。乗るなら飲むな。**

　「と」「ば」「たら」「なら」に代表される条件の表現も、日本語は豊富です。「と」は恒常的な条件で、(1)のような毎年そうなっているという場合のほか、数学の説明にもよく使われます。「ば」は、一般的な条件です。(2)では「雨が降らなければ中止にならない」という裏の意味があります。「ば」は、また、「どうすれば来てもらえるんですか。」のように、疑問詞を伴って条件を聞く場合にもよく使われます。「たら」は、本来、完了の助動詞ですから、「その後で」という意味を含みます。反対に「なら」は「そのような既定事実がある場合には」という意味になります。
　「と」と「たら」の文の最後が過去の場合、ふつうは、話し手の観察や発見が示されます。

(4) **デパートに {行くと/行ったら} 閉まっていた。**

　(4)では、「デパートに行った」話し手が、「デパートが閉まっていた」状況を観察していることを表しています。このように、日本語の「と」や「たら」は、単なる条件と言えないこともあるので注意したいものです。
　条件表現には、実際におこらなかったことに対し空想する用法もあります。

(5) お金が十分にあれ<u>ば</u>、旅行に行くのに。
(6) 一本前の電車に乗ってい<u>たら</u>、事故に遭っていただろう。

(5)は「お金が十分にないから、旅行に行けない。」という意味です。(6)も同様で、事故に遭ってはいません。

条件表現と似ているのが、時間の表現です。

(7) 彼は、困った<u>ときに</u>は、必ず助けてくれる。
(8) 子どもが寝ている<u>間に</u>、買い物に行ってきました。

(7)は「困ったら」と言い変えることもできます。(8)は、後ろに来るできごとが、一回きりの動作か変化でなければなりません。たとえば、後ろに、一定の時間持続した「本を読んでいました。」のようなできごとが来たら、「間に」を「間」として、次のように言わなければなりません。

(9) 子どもが寝ている<u>間</u>、本を読んでいました。

日本語は、いろいろなところで、後に来ることばを予測させる言語なのです。

Q 作文してみよう

① 雨が降れば、お祭りは中止になる。
② デパートに行ったら閉まっていた。
③ お金が十分にあれば、旅行に行くのに。
④ 子どもが寝ている間に、買い物に行ってきました。

A ポルトガル語で「条件」と言えばcondiçãoではなくて、seの出番です。「もし〜ならば」を意味するこのseを使ったさまざまな表現、さらにはseを用いない条件の表わし方を以下で再確認していきます。「もし〜ならば」はseだけの専売特許ではないのです。

「〜ならば...だ」という意味を表わす文を条件文と呼びますが、そのなかで、「〜ならば」の部分の可能性が五分五分くらいの条件を「開放条件」と言います。あるかもしれないけれど、ないかもしれない。ちょっと中途半端な条件ですね。英語なら開放条件は「現在時制」を使えばよいのですが、ポルトガル語はもう少し複雑です。

まず、se＋直説法現在ですが、発話の時点ですでにその事態が確認できるときに使います。主節も現在時制です。Se estás doente, é melhor consultar o médico.「もし病気なら医者に診てもらう方がよい」。

se＋直説法過去はすでに起こったことに言及します。主節の動詞の時制は適宜選ばれます。Se você chegou há pouco tempo, deve estar cansado.「もし着いたばかりなら、疲れているにちがいない」。

ポルトガル語に特徴的とも言える接続法未来を用いるse＋接続法未来は、未来のことを述べるため、実現するかもしれませんが、実現しないかもしれません。主節も未来（あるいはirの現在形＋不定詞）になります。Se fizer bom tempo, vou sair.「天気がよくなれば外出する」。

次は非現実の条件文です。ありそうもないあるいは不可能なシナリオを提示します。se＋接続法未完了過去を使います。Se falasse bem inglês, viajava em muitos países.「もし英語が上手なら、たくさんの国を旅するのに」。この場合、英語が上手でないことが含意されます。

過去に実際は起こらなかったことを述べる条件文もあります。se＋terの接続法未完了過去＋過去分詞の形を取ります。Se não tivesse bebido tanto, não teria acontecido nada com ele.「もしあんなに飲まなかったなら、彼には何も起こらなかったのに」。実際はかなり

飲んでしまったようですね。

　seを使わずとも「条件」は表わせます。たとえば、caso＋接続法現在（あるいは接続法未完了過去）です。Caso saias, não te esqueças de fechar as janelas.「もし外出するなら、窓を閉めるのを忘れないように」。

　また、ジェルンディオ（現在分詞）でも「条件」を表わすことができます。主に話し言葉で使用されますが、便利ですので覚えておくといいでしょう（ブラジル人がよく使います）。Virando aqui à direita, o senhor vai ver logo o correio.「ここを右に曲がればすぐに郵便局が見えますよ」。では、課題にとりかかりましょう。

① 雨が降れば、お祭りは中止になる。
　この課題文は2通りの解釈ができるので、それぞれに相応しいポルトガル語の文を作成してみます。
　まず、全体を「未来」の出来事と見なした場合です。今はまだ雨は降っていないが、このさき降った場合、お祭りは中止になるだろう、というケースです。「雨が降る」はchover、「中止になる」にはcancelarを使いますが、ここでは受動態にします。

Se chover, a festa será cancelada.

　未来のことを表わすので、se節では接続法未来を用います。ここで、直説法未来choveráを使うと文法的に誤りとなります。一方、主節のseráはvai serとしても問題ありません。
　上記に見たcasoも使えます。その後は接続法現在でしたね。

Caso chova, a festa será cancelada.

　もう1つの解釈は、この文が一般的な事実を表わしていると考えるのです。時間には関係のない普遍的な真理と言い換えてもよいかもしれません（大げさかな？）。

Se chove, a festa é cancelada.

　普遍的な真理を表わすのはもちろん直説法現在です。

② デパートに行ったら閉まっていた。

「デパート」と言うとarmazémという語が辞書には出ていますが、あまり使われないように思えます。むしろ、loja de departamentos「デパートメントストア」、centro comercial「ショッピングセンター」、shopping、あるいはそのお店の名称そのものを使う方が普通です。

さて、「デパートに行ったが、閉まっていた」なら、

Fui ao centro comercial, mas estava fechado.

ですんでしまいます。「閉まっている」はestar fechadoです。けれども、これでは話し手の観察・発見のニュアンスが出ていませんね。なんとかしましょう。

Fui ao centro comercial e vi que estava fechado.
デパートに行き、閉まっていることを見た。

あるいは「気づく」を意味するrepararもよさそうです。

Fui ao centro comercial e reparei que estava fechado.

「行ったら」の箇所を「行ったとき」と見ることもできますね。quandoを使います。

Quando fui ao centro comercial, vi-o fechado.

後半部分、ver「見る」を用い、さらに「デパート」を直接目的語oにして、「それが閉まっているのを見た」という感じにしてみました。こんな表現方法もあるのです（vi-oのように直接目的格代名詞を使うところはブラジル人があまり好まない表現かもしれません）。

③ お金が十分にあれば、旅行に行くのに。
教科書に出てきそうな例文です。この文を口にした人は、十分なお金を持たないので、旅行に行けないのでしょう。現在の事実に反する仮定を述べているので、se＋接続法未完了過去を使います。「十分な」はsuficiente、「旅行する」はviajarです。

Se tivesse suficiente dinheiro, viajaria.

　ポルトガル人ならviajariaの代わりにviajavaという未完了過去形を使うかもしれませんね。もし「(お金が) たくさん」でしたら、suficienteの代わりにmuitoを使ってもよいでしょう。また、ここではviajaria「旅行するのに」としましたが、「旅行に行く」の「行く」にこだわって、iria viajarとしてもよいでしょう。

　もし、「お金が十分にあったならば、旅行に行ったのに」という、過去の事実に反する仮定を表わす文でしたら、次のようになります。

Se tivesse tido suficiente dinheiro, teria viajado.

④　子どもが寝ている間に、買い物に行ってきました。
　「～する間」を意味する接続詞と言えば、enquantoですね。「買い物に行く」はir fazer comprasとします。そこで、さっそくとりかかります。最後の「きました」はポルトガル語に反映する必要はありません。戻ってきていることは自明ですから。

Enquanto o meu filho dormia, fui fazer compras.

　dormiaという未完了過去の代わりに、estava a dormir (ブラジルならestava dormindo)という過去進行形を使ってもよいです。ですが、これだと「～する間」という訳には適切ですが、「～する間に」の「に」のニュアンスがうまく出ていません。かなり意訳になってしまうかもしれませんが、「子どもが目を覚ます前に、買い物をすませてしまいました」とするのはいかがでしょうか。antes queの後は動詞は接続法、しかも時制が過去なので、se acordasseとなっています。

Tinha acabado de fazer compras antes que o meu filho se acordasse.

　acabar deで、「～し終える」の意味を出し、さらにtinha acabadoという過去完了形にしたのは、子どもが目を覚ます前に買い物を終えていたという意味合いを出すためです。

§19 「パリに着いた3日後、彼はローマに発った。」
"名詞修飾表現 1"

　名詞修飾表現を使って複文を作ることもあります。日本語では、修飾する部分（下線部分）を修飾される名詞（□部分）の前に置くだけで、名詞修飾表現が作れます。

(1)　<u>音楽を聴いている</u> 男の人 が後ろに立っていた。
(2)　<u>彼がCDを買った</u> 店 は、あそこです。

　(1)は、「男の人が音楽を聴いていた」という関係にあります。つまり、「男の人」は、下線部分の動詞「聴く」の主語にもなっているのです。一方、(2)では、「(その) 店でCDを買った」という関係にあります。英語なら関係代名詞か関係副詞かでもめるところですが、日本語は並べるだけでいいのです。
　さらに、次のように言うこともできます。

(3)　<u>パリに着いた</u> 3日後 、彼はローマに発った。

　これも、考えてみれば、「パリに着いた日の3日後」と言うべきかもしれませんが、日本語ではこれでいいのです。
　下線部が、修飾される名詞の内容を表す場合もあります。

(4)　彼は、<u>日本語を教える</u> ボランティア をしている。
(5)　<u>我が子が笑っている</u> 写真 は、いつ見ても心が和む。
(6)　<u>事故でおおぜいけがをしたという</u> うわさ は、本当ではなかった。

　(6)のように、話したことや考えたことの内容を表す際には、必ず「という」を使います。
　日本語では、修飾される名詞を修飾する部分の後に置きます。そ

の分、名詞修飾表現を使う際には、ちょっとした計算が最初に必要です。しかし、人間は、あとから限定することばを付け加えたいと思うことも少なくありません。そんなとき、特に話しことばで現れるのが次のような名詞修飾表現です。

(7) あの本、持ってる？　あの、<u>先週、貸してくれるって言ってた</u> やつ 。

(7)は、「あの、<u>先週、貸してくれるって言ってた</u> 本 、持ってる？」とでも言えるでしょうか。しかし、実際の話しことばでは、(7)のように言うことも少なくありません。

「ところ」を使った言い方も見ておきましょう。

(8) 彼は、<u>沖で溺れている</u>ところを漁船に救助された。

(8)の「ところを」は、「彼が漁船に救助された」ときの状況を表しています。「ところを」には、「お忙しいところを、わざわざ来ていただいてすみません。」のような、逆接に近い用法もあります。

Q 作文してみよう

① 音楽を聴いている男の人が後ろに立っていた。
② パリに着いた3日後、彼はローマに発った。
③ 彼は、日本語を教えるボランティアをしている。
④ あの本、持ってる？　あの、先週、貸してくれるって言ってたやつ。

日本語の「名詞修飾表現」。なるほど、幅広い用途があって、便利な代物に思えます。ですが、これに甘えてそのままポルトガル語で文を作ろうと思うと、大きな落とし穴が待ち受けています。O homem está a ler o livro.は「男性は本を読んでいる」であって、「本を読んでいる男性」ではけっしてありません。日本語にはない関係詞を使わなければならないのです（o homem que está a ler o livroのように）。

　ポルトガル語の関係詞と言えば、queが代表的なものと言ってよいでしょう。人にも物にも言及でき、先行詞が主語にも目的語にもなり、最も使い勝手があります。o homem que vi「私が見た男性」では、先行詞は目的格で人です。一方、o autocarro que vai à estação「駅に行くバス」では、先行詞は主格で物です。

　o queは文全体を先行詞とします。

Ele passou no exame, o que me surpreendeu.
彼は試験にパスしたが、そのことは私を驚かせた。

　場所を表わす関係詞はonde。a cidade onde moro「私が住んでいる町」。

　また、日本語では名詞を２つつなげるだけで完成してしまう、「身分証明書」のような語も、前置詞deの助けを借りないと正しい形bilhete de identidadeを作ることができません（ブラジルではbilheteの代わりにcarteiraを用います）。「鉄道」もcaminho de ferro、つまり「鉄の道」ですね（ブラジルではferroviaなのでdeは不要）。

　rosa branca「白いバラ」のように、形容詞で名詞を修飾するときに、ポルトガル語では後ろからの修飾が大原則ですが、関係代名詞節も、前置詞句もやはり名詞の後ろから修飾することを念頭においてください。では、課題に取り組んでいきましょう。

① 音楽を聴いている男の人が後ろに立っていた。

　「音楽を聴いている男の人」までが主語。そして「男の人」を「音楽を聴いている」が修飾しています。すでに見たように、ポルトガル語では、この２つの語句をそのままつなぐことは不可能ですから、

関係代名詞の出番となります。

　o homem que está a ouvir a música　音楽を聴いている男の人

「後ろに立つ」はestar de pé atrásでよいですが、ここでは「私の後ろに」でしょうから、estar de pé atrás de mimとします。

　O homem que estava a ouvir a música estava de pé atrás de mim.

「立っていた」ので「聴いている」も時制の一致を起こします。「音楽を聴いている」の部分をジェルンディオで表現することも可能です。その場合は関係代名詞queは不要です。

　O homem ouvindo a música estava de pé atrás de mim.

この2つの文は置き換え可能と見てよいでしょう。

② パリに着いた3日後、彼はローマに発った。
　一見シンプルに見える文ですが、なかなかポルトガル語にしにくいものがあります。特に前半が、というよりも前半が問題なわけで、よって先に後半を片づけてしまいます。こちらは簡単です。

ele partiu a Roma

あわただしくヨーロッパを飛び回っている方のようなので、ローマ滞在も短いと想定し、前置詞は長期滞在を含意するparaではなく、短期滞在を意味するaにしました。まあ、この使い分けはあまり気にしなくてもよいことかもしれません。
　さて、本題（？）に入りますが、「パリに着いた3日後」をそのままポルトガル語にすることはできません。chegou a Paris「パリに着いた」で3 dias「3日」を修飾することが不可能なのです。そこで、日本語をさらに「翻訳」してみましょう。
　1つは、「彼がパリに着いた後3日」とするものです。

3 dias depois de chegar a Paris, ele partiu a Roma.

この文でdepois deの代わりにapósを使うことも可能です。また、

depois de ter chegado a Parisのようにter chegadoとすると「着いた」という完了の意味がより明確になります。どちらでもよいでしょう。あるいは、「彼がパリに着いた」の箇所を「彼のパリへの到着」とするのもよいでしょう。

3 dias depois da sua chegada a Paris, ele partiu a Roma.

または、課題文からだいぶずれてしまいますが、「パリで3日間過ごした後で」と考えてもいいでしょう。いや、この文が最もしっくりくるように感じられます。

Depois de passar 3 dias em Paris, ele partiu a Roma.

③ 彼は、日本語を教えるボランティアをしている。

ボランティアはtrabalho voluntárioと言います。直訳すれば、「自発的労働」ですね。漢字で書くと、なんだか敬遠したくなってしまいます。いや、シンプルに1語でvoluntárioだけでもかまいません。この場合は名詞ですね。となると、「彼はボランティアとして働いている」なら、Ele está a trabalhar como voluntário.とすれば完成です（ブラジルでは、Ele está trabalhando como voluntário.となりますね）。課題の文は「ボランティアとして日本語を教えている」と考えてよいですから、trabalharのところをensinar「教える」で置き換えればよいですね。

Ele está a ensinar japonês como voluntário.

形容詞のvoluntárioに-menteをつけて副詞にすることも可能です。その場合は、

Ele está a ensinar japonês voluntariamente.

となります。もし「ボランティアで」というところを「無料で」と解釈するなら、次のように言うことができます。

Ele está a ensinar japonês de graça.

あるいは視点を変えて、「彼はボランティアの日本語教師だ」とすることも可能です。

Ele é professor voluntário de japonês.

これなんかもシンプルでわかりやすくてよい表現だと思います。

④ あの本、持ってる？　あの、先週、貸してくれるって言ってたやつ。

最初の文は簡単ですね。

Tens aquele livro?

あるいは、「持ってきてくれた？」と訊いている可能性もあるので、

Trouxeste aquele livro?

とするのもよいでしょう。

　次に後半ですが、「やつ」だからと言って、tipo, gajo, sujeito, caraを使ってはだめですよ。これらは人や物を貶めて示すときの俗語なんですから。ここでは「本」の代わりをする代名詞のような働きをしています。なので、aqueleをそのまま使いましょう。日本語でも文頭で「あの」と言っていますね。「貸す」はemprestar、「先週」はna semana passadaです。

Aquele que disseste que me emprestavas na semana passada.

同じ文の中にqueが２回出てくるのが気になるという方もいるでしょう。では、dizer「言う」ではなくprometer「約束する」という動詞を使ってみるとどうでしょうか。prometerは後ろに前置詞を要求しない動詞です。

Aquele que me prometeste emprestar na semana passada.

文としてすっきりしましたね。では、全体をまとめてみます。

Tens aquele livro? Aquele que me prometeste emprestar na semana passada.

§20 「仕事を終えた田中は、帰宅の途についた。」
"名詞修飾表現２"

　名詞修飾表現は、何のために使うのでしょうか。次の２つの文を比べてみましょう。

(1) **練習問題ができた 子ども は、先生に見せに行った。**

(2) **練習問題ができた 太郎くん は、先生に見せに行った。**

(1)と(2)では、同じ「練習問題ができた」という部分が次の名詞を修飾していますが、少し働きが違います。(1)では、「子ども」がおおぜいいる中から「練習問題ができた」ことに該当する人を選んでいます。それに対して(2)では、「太郎くん」は１人しかいませんから選ぶ必要がありません。「太郎くんは、練習問題ができたので、先生に見せに行った。」と言い換えられるように、「練習問題ができた」ことが「先生に見せに行った」ことの理由を表しています。

　(2)のような名詞修飾表現を、もう少し見ていきましょう。

(3) **仕事を終えた 田中 は、帰宅の途についた。**

(4) **赤い帽子をかぶった 花子さん 、今日はどこへ行くのかな。**

(5) **いつもは成功する 山下 も、このときは失敗した。**

(3)は、「田中は、仕事を終えて、帰宅の途についた。」と、続けて起きる２つの動作を表しています。(4)は、「花子さんは、赤い帽子をかぶって、今日はどこへ行くのかな。」と、「行く」という動作に伴った状況を表しています。(5)は、「山下は、いつもは成功するのだが、このときは失敗した。」のように、逆接の意味をもっています。

　このような名詞修飾表現は、書くときに特に重要になってきます。

(6) 駅から私の家に来るときは、まず、この通りをまっすぐ公園まで歩きます。そこには、大きな噴水があります。そこを右に曲がって少し歩くとコンビニがあります。その上が私の家です。

(7) 駅から私の家に来るときは、まず、この通りをまっすぐ、大きな噴水のある 公園 まで歩きます。そこを右に曲がって少し歩くとコンビニがあります。その上が私の家です。

　話すときには、(6)のように言ったりもしますが、書くときに(6)のようだと、あまり考えて書かれた文章であるようには感じられません。(6)の「そこには、大きな噴水があります。」が、道案内そのものではなく、道案内の途中の場所の説明だからです。このような説明をするときには、(7)のように名詞修飾表現を使いましょう。そうすると、「大きな噴水がある」ことが文として独立せず、結果、他の文のつながりがよくなります。

　上手に名詞修飾表現を使うことで、文章全体がひきしまります。

Q 作文してみよう

① 練習問題ができた太郎くんは、先生に見せに行った。
② 赤い帽子をかぶった花子さん、今日はどこへ行くのかな。
③ いつもは成功する山下も、このときは失敗した。
④ まず、この通りをまっすぐ、大きな噴水のある公園まで歩きます。

A 2種類の異なる名詞修飾表現の例をあげていただきました。この違い、ポルトガル語文法では、関係代名詞の「制限用法」と「説明用法」の区別として扱われます。

「練習問題ができた子ども」は、そこにいた子どもたち全員の中から一部の子どもを区別し、範囲を狭めますから「制限用法」と呼ばれるのです。それに対し、「練習問題ができた太郎くん」は太郎くんのことを説明しているのでそのまま「説明用法」というのです。

ポルトガル語の例文をあげてみます。

Os artigos que são bons vão ser publicados.
よくできた論文は出版される。

含意されるのは、よくできた論文だけが出版されるのであって、不出来なものは出版されないということです。すべてではないので「制限用法」ですね。それに対し、

Os artigos, que são bons, vão ser publicados.
論文はよくできており（すべて）出版される。

これは主語となる os artigos を「よくできた」と説明し、「制限」はしていませんね。「説明用法」の関係代名詞 que です。

以上のことを念頭において、課題に取り組んでいきましょう。

① 練習問題ができた太郎くんは、先生に見せに行った。

説明用法の例文です。固有名詞を修飾する関係代名詞は必然的に説明用法となります。他に太郎くんはいませんからね。「練習問題」をどうポルトガル語にするかちょっと頭をひねりますが、単純に exercício としておきます。「できた」は「した」と見なし、fez とします。

O Taro, que fez os exercícios, foi mostrá-los ao professor.

「見せに」のところを mostrá-los としましたが、分解すれば、mostrar と直接目的格代名詞 os です。もちろん os は os exercícios の代わりですが、日本語でははっきりと言われないとはいえ、ポルトガル語

では「それ(ら)を見せに行った」と明示した方がよいですね。また、「見せに行く」の「行く」は省いても文意は大きく変わりそうもないので、単に「見せた」としてもよいでしょう。

O Taro, que fez os exercícios, mostrou-os ao professor.

関係代名詞を使わないで、同じような内容を伝える文も紹介しておきます。

Depois de ter feito os exercícios, o Taro foi mostrá-los ao professor.

「練習問題をした」という完了のニュアンスを出すために、ter feitoとしました。

② 赤い帽子をかぶった花子さん、今日はどこへ行くのかな。

おそらく最初に思い浮かんだ表現は、前置詞comを使ったものではないでしょうか。疑問詞ondeの後にserá queを入れて推量の意味を強めましょう(なくてもいいですけれど)。

A Hanako com o chapeu vermelho, onde será que vai hoje?

でも、この文、実はよろしくありません。a Hanako com o chapeuと言うと「かぶった」というよりは「手に持った」という感じに聞こえてしまうのです。そこで、関係代名詞に登場してもらう必要があります。花子も固有名詞ですから、queは説明用法になります。

A Hanako, que está com o chapeu vermelho, onde será que vai hoje?

もし、主語が長くて重いと感じられる場合は語順を変えてもよいでしょう。

Onde será que vai hoje a Hanako que está com o chapeu vermelho?

estar comの代わりに「身につける」を意味するusarという動詞を使ってもよいでしょう。

A Hanako, que usa o chapeu vermelho, onde será que vai hoje?

この文も語順を変えることが可能ですね。

Onde será que vai hoje a Hanako que usa o chapeu vermelho?

③ いつもは成功する山下も、このときは失敗した。

　まずは素直に課題をこなしてみます。やはり、関係代名詞の説明用法を使います。「成功する」はfazer sucesso、「失敗する」はfracassarとしましょう。「いつも」はsempre。desta vezで「今回は」という意味を出します。

　O Yamashita, que faz sempre sucesso, desta vez fracassou.

　これでも正しい文ですが、この課題文をもう少し検討してみます。「いつもは成功する」と言っていますが、厳密に言えば、それは今回失敗するまでの話です。なので、「いつも成功していた」と考えた方がよいのかもしれません。しかも、「失敗した」という過去より前のことなので、時制は過去完了を使うべきでしょう。このあたりを考慮してみます。

　O Yamashita, que tinha feito sempre sucesso, desta vez fracassou.

　「いつもは成功していた山下だが今回は失敗した」という感じになりました。「いつもは成功していた」という個所を逆に「一度もミスを犯すことのなかった」とすることも可能でしょう。

　O Yamashita, que nunca tinha cometido erros, desta vez fracassou.

　関係代名詞から離れて考えてみましょうか。1つはジェルンディオ（現在分詞）を使った方法が可能でしょう。

Tendo feito sempre sucesso, o Yamashita fracassou desta vez.

あるいは「〜ではあるけれど」という譲歩を表わすemboraを利用してもいいでしょう。ただし、接続法の出番となります。この文では時制は接続法過去完了が使われます。

Embora tivesse feito sempre sucesso, o Yamashita fracassou desta vez.

④ まず、この通りをまっすぐ、大きな噴水のある公園まで歩きます。
　日本語では引き締まった一文となっていますが、いきなり1つの文のままでポルトガル語に訳そうとすると頭がこんがらがってしまいそうなので、日本語を解体しながらポルトガル語にしてみます。

Primeiro, siga sempre em frente esta rua. Vá caminhando até ao parque. Há lá uma fonte grande.

「まっすぐ行く」をseguir em frente、「歩いていく」をir caminhandoで表わしてみました。「泉」はfonteです。これでも悪くないポルトガル語ですが、もう少し引き締めます。関係代名詞queで後ろの2つの文をつないでみます。

Primeiro, siga sempre em frente esta rua. Vá caminhando até ao parque que tem uma fonte grande.

あるいは、場所を表わす関係詞ondeを使ってもよいですね。

Primeiro, siga sempre em frente esta rua. Vá caminhando até ao parque onde há uma fonte grande.

これで「大きな噴水のある公園」となりました。いや、まだ2つの文ですね。1つにしましょう。sigaとvá caminhandoは同じことを言っていますから、ここをまとめます。

Primeiro, siga sempre em frente esta rua até ao parque onde há uma fonte grande.

最初に言いましたが、1文にまとめなくても立派な表現です。

いろいろな意味をもつ「て」

日本語には、解釈を文脈に委ねる表現がいくつかあります。複文で特に問題となるのが「て」の解釈です。

(1) **マンガの本を買ってき<u>て</u>家で読んだ。**
(2) **風邪を引い<u>て</u>学校を休んだ。**
(3) **赤い服を着<u>て</u>写真を撮ってもらった。**
(4) **この庭は、春は桜が咲い<u>て</u>、秋は紅葉が美しい。**

(1)の「て」は、続けて起きることを表します。「本を買ってきた。それから家で読んだ。」という意味ですね。

(2)の「て」は、「風邪を引いたから学校を休んだ。」と言うこともできます。「て」は理由を表しています。

(3)は「着たままで」という意味で、(4)は春のできごとと秋のできごとを「て」を使って並べて示しています。

このように、日本語の「て」は、いろいろな意味をもっていて、便利な反面、ちょっと解釈に困るところもあります。ポルトガル語には、日本語の「て」のように、いくつかの意味をもつ表現はありますか。

ポルトガル語で、日本語の「て」に相当するような便利な言葉を探してみると、「語」というよりは、ジェルンディオ（現在分詞）という範疇が思い浮かびます。動詞の語尾 -r の代わりに -ndo をつけた形です。

ジェルンディオの用法と言えばまず、「〜しながら」（同時性）を指摘すべきでしょう。

O Pedro estuda vendo a televisão. ペドロはテレビを見ながら勉強する。

「原因・理由」もあります。

Seguindo este caminho, achei logo o correio.
この道を進んだのですぐに郵便局を見つけた。

「仮定」もお手のものです。

Apanhando o comboio, vais ver o rio. 電車に乗れば、川が見えるだろう。

「…ではあるが」を意味する「譲歩」だって言えます。ただし、この場合はジェルンディオの前に mesmo という副詞を添える方がニュアンスがはっきりします。

Mesmo sendo muito rico, ele é uma pessoa modesta.
金持ちではあるが、彼は謙虚な人だ。

これはポルトガル語に特徴的と言われますが、「結果」を表わすこともあります。

O rio transbordou, ficando destruídas muitas casas.
川が溢れ、たくさんの家屋が破壊された。

-ndo だけでずいぶんとたくさんの用途があるものです。

「ポリバレント」という言葉が何年か前、サッカー界で流行語のようになったことがありました。1人の選手が複数のポジションをこなす、その多様性を指して使われました。

日本語の「て」にしても、ポルトガル語の -ndo にしても、さまざまな意味で用いることができ、まさにポリバレントな言葉です。

§21 「先生がいらっしゃるので、玄関までお出迎えした。」

"敬語と待遇表現"

　日本語の最大の特徴のひとつと言われるのが敬語です。敬語には、次のような種類があります。

(1) **先生**が<u>いらっしゃった</u>。
(2) 玄関まで**先生**を<u>お出迎えし</u>た。
(3) はい、**山田**<u>です</u>。

　(1)の「いらっしゃる」は尊敬語です。「お入りになる」のように、一般的に「お〜になる」という形で表され動作をする人を高めます。(2)の「お出迎えする」は謙譲語です。動作の相手を高める敬語です。(3)の「です」は丁寧語です。「動詞＋ます」と同じく、話し相手や場に対し丁寧に述べる敬語です。このほかにも、「お茶碗」の「お」のような美化語と、「山田と申します」や「さあ参りましょう」というときの「申します」や「参ります」のような丁重語があります。日本語は、複雑な敬語システムをもった言語なのです。
　しかし、敬語を使うことだけが、聞き手に対して丁寧に述べる方法ではありません。

(4) <u>すみませんが</u>、ちょっと手伝っていただけますか。
(5) 「よくがんばったね。」と言っ<u>てくれた</u>ね。あのことばは嬉しかったよ。

　(4)のように、前置き表現を使うこともひとつの方法です。「おそれいりますが」「すみませんが」のような配慮は、依頼表現をより丁寧にします。また、依頼表現についても、「〜てください」よりも「〜てくださいますか」、さらに「〜てくださいませんか」とすると、より丁寧に聞こえます。(5)のように、恩恵を表す「〜てくれ

る」を使うことも、丁寧に表現するための方法のひとつです。

　ほかに、自動詞を使って「お茶がはいりましたよ。」と言ったり、自分が決めた場合にも「今度、結婚することになりました。」と言ったりするのも、動作をした人をことさらに言い立てない、日本語の配慮の表れです。

　一方で、敬語は、相手との距離を広げる表現にもなります。深夜帰宅した夫に対し、ふだんは敬語を使わない妻が次のように言ったらどうでしょうか。

(6)　**ずいぶん遅くお帰りになりましたね。**

　急によそよそしくなったときは、怒っているときです。
　日本語の敬語でもうひとつ覚えておきたいのは、話す相手によっては、自分より目上の人でも低めて言わなければならないことがあることです。(7)は他者からかかってきた電話での会話です。

(7)　**「はい、山田です。父ですか。父は、今、出かけております。」**

　「出かけております」と丁重語を使うことで、外からかかってきた電話の主に対し、謙遜を表します。また、外の人に対して、自分の父を「お父さんは」と言うと子どもっぽく聞こえます。
　ときには野卑な表現も必要かもしれません。

(8)　**何言ってやがるんだ。**

　日本語には、「やがる」のような動作主を低める表現も存在します。
　日本語では、自分が相手からどう見られたいかを考えて、さまざまな表現を選んで使っています。

Q 作文してみよう

① 先生がいらっしゃるので、玄関までお出迎えした。
② すみませんが、ちょっと手伝っていただけますか。
③ 父は、今、出かけております。
④ 何言ってやがるんだ。

A 以前は、敬語は日本語だけの特性であるかのような議論も目にしましたが、アジア諸語の中には日本語に負けず劣らず敬語の体系が発達した言語があります。敬語が日本語に独特のものという認識が広がったのは、やはりヨーロッパ諸語との比較を通じてのことだったのでしょう。ポルトガル語も確かに日本語のように複雑に発達した敬語の体系は備えていません。

だからと言って、ポルトガル語では言語的手段を介して敬意を表現することができないというわけではけっしてありません。ポルトガル語も敬意と無縁の言語ではないのです。たとえば、ポルトガル語を習い始めてすぐに憶える人称代名詞の中で、相手に対し敬意を込める場合には、tuではなく、o senhor, a senhoraを用いると説明されます。これなどはポルトガル語で最初に覚える敬語かもしれません。

また、動詞の活用で敬意を表わすことも可能です。「願望」や「可能」を表わすときに、直説法現在ではなく、未完了過去形あるいは過去未来形を用いることができます。誰かと話したい願望を表わすとき、Quero falar com o senhor.というよりも、Queria falar com o senhor.とする方が相手に対して丁寧な感じが伝わります。

とはいえ、ポルトガル語の敬語表現はしょせんは日本語に適うわけではありません。目の前にいる親友に対しても、大統領に対しても、comerを使うことができ、「食う」と「召し上がる」というまったく異なる動詞を使う必要のある日本語は、この点に関しては何と繊細な言葉なのかと感心させられるのです。

① 先生がいらっしゃるので、玄関までお出迎えした。

「いらっしゃる」は「来る」あるいは「行く」ですが、ここでは「来る」の意味ですね。ポルトガル語では「いらっしゃる」に相当する語はないですから、動詞はvirあるいはchegarを使うことになります。「お出迎えする」という部分も「お」のニュアンスを出すことはできませんので、「迎える」と考え、receberを使います。「歓迎する」として、dar boas vindasを使ってもよいですが、こちらはテレビ・ラジオのニュースなどでよく聞かれる言い回しです。

「先生」は素直にo professorでよいですが、o doutorを使う状況もありそうです。単にo professor, o doutorだけで「先生」としても結構ですが、どの「先生」か特定することが望ましい状況では、その後に固有名を入れましょう。ここでは「サントス先生」にします。

O professor Santos veio(chegou). Fui recebê-lo à entrada.
O doutor Santos veio(chegou). Fui recebê-lo à entrada.

「歓迎する」でしたら、

O professor Santos veio(chegou). Dei-lhe boas vindas à entrada.

「彼に」(= lhe)、「歓迎」(boas vindas) を「与える」(dar) ということで、deiの後ろにlheを置きます。

② すみませんが、ちょっと手伝っていただけますか。
「すみません」を謝罪の意味を持つDesculpe.という言葉で表わしてもよいですし、「失礼」に当たるPerdão.を使ってもよいでしょう。ですが、ここでは「手伝い」をお願いしているわけですから、por favorとか、ポルトガル的にse faz favorとするのがよいでしょう。「手伝う」はajudarでよいですね。

Ajude-me, por favor.

これで十分に丁寧なお願いになります。しかし、「いただく」というニュアンスをもう少し出すなら、Podia...?（ブラジルならPoderia...?）として「〜できますか」と訊くのもよいですね。目的語me「私を」の位置が異なることにあらためて注意を喚起しておきます。

Podia ajudar-me, se faz favor?　　（ポルトガル）
Poderia me ajudar, por favor?　　（ブラジル）

でも、「ちょっと」のニュアンスを出したいですね。ajudarの名詞ajudaに縮小辞をつけてajudinhaを使うことも考えたのですが、どうもしっくりきません。Podia dar-me uma ajudinha, por favor?

は母語話者の耳になじまないようです。でも、Uma ajudinha, por favor.だけならしっくりくると言います。丁寧なpodia(poderia)と縮小辞-inho/aを使った形の相性が悪いのでしょうか。

そこで、ajudaの代わりにfavor「好意」を使い、そこに「小さい」を意味するpequenoをつけて「ちょっと」の意味を出すという文を作ってみました。

Podia fazer-me um pequeno favor, se faz favor?　（ポルトガル）
Poderia me fazer um pequeno favor, por favor?　（ブラジル）

これだとけっこう使う表現ですし、すっきりもします。

③ 父は、今、出かけております。

日本語ではこの場面で「お父さん」と言うと、しつけがなっていない！とおしかりを受けるのかもしれませんが、ポルトガル語ではpaiはpaiです。「お父さん」に対する「父」のように、話し相手に対し謙譲の気持ちを表すための言葉が別に用意されているわけではありません。

ただし、この状況では、o meu paiのように「私の父」としましょう。確かに、ポルトガル語では、文脈から「誰の」が明白である場合は、所有形容詞を省くことができますが、この場合は家族以外の人に向かって父親のことを話題にしていますので、「私の」が欲しいところです。家族内の会話で、「お父さんどこ？」と訊くときには、Onde está o pai?と言ってまったく自然なのですが。

Agora o meu pai está fora.　　　今、父は外出中です。
Agora o meu pai está ausente.　今、父は不在です。

2番目のausenteを使った文は若干かたい感じがしますし、また電話口などで聞かれそうです。

あるいは、否定してもいいでしょう。「今」をneste momentoとすることも可能です。

Neste momento, o meu pai não está em casa.

④ 何言ってやがるんだ。

　私は育ちがよくてお上品な人間なので（本当か？）、野卑な表現をよく知らないのですが、ポルトガル語でももちろんけっこう乱暴な言葉の類は発達しています。思いつく限りでも、

　O que é que disseste?　お前なんて言った？
　O que é que estás a dizer?　お前何言ってるんだ？
　Por que é que estás a falar isso?　何でそんなことを言うんだ？
　Deixa de bobagem!　馬鹿なことを言うのはやめろ！
　Cala-te!　黙れ！
　Cala a boca!　口をつぐめ！
　Sabes com quem estás a falar?
　誰に向かって話してるのかわかっているだろうな？

などが指摘できます。ただし、こういった類の表現を使ったり使われたりする状況は避けた方がいいに決まっていますから、積極的に覚えなくてもよいと思います。使うにしても、大いに注意してくださいね。余計なトラブルは避けるべきですから。

　「何言ってやがるんだ」とは別に、きみはしゃべりすぎだから黙りなさい、というニュアンスで、

　Você parece que comeu uma vitrola!

と言うことはあります。「vitrola（レコードプレーヤー）を食べてしまったかのようだ」と言っているのですが、確かに30分以上もずっと音を出し続けられたら、たまったものではないですね。

　また、ブラジルの地方に行くと、次の表現をときどき聞きます。

　Você fala mais do que o homem da cobra.

　「お前は蛇の男よりよく話す」がなぜ「しゃべりすぎ」を表わすのか。「蛇の男」とは「蛇を見た男」のこと、しかも話す人ごとに彼が見た蛇は大きくなります。そこから同じことを繰り返す大げさな男という意味になり、その人よりよく話すということで、とてもおしゃべりという意味が出てくるのです。

§22 「どちらへお出かけですか。」「ちょっとそこまで。」

"応答表現"

　外国人の日本語学習者が聞いて変に感じるやりとりに、次のようなものがあります。

(1)　A「あら、どちらへお出かけですか。」
　　　B「ちょっとそこまで。」
　　　A「そうですか。いってらっしゃい。」

「行き先を知りたがるなんて、Aさんは失礼な人だ。」「『ちょっとそこまで。』では答えていないじゃないか。」など、よく質問や文句がでます。都会ではあまりこのようなやりとりは聞かれなくなりましたが、このような会話は、日本語の典型的なやりとりとして小説やマンガなどでも使われています。
　実は、(1)では、どこへ行くかとまともに質問などしていません。むしろ、「こんにちは、いいお天気ですね。」「そうですね。」というような会話に近いのです。知っている人の顔を見たらあいさつをする。その変形と考えればよいのです。
　「けっこうです。」や「いいです。」という答え方も、日本語学習者を悩ませます。断るときにも受け入れるときにも「けっこうです。」や「いいです。」と言うのではわからないと言うのです。しかし、この意味を取り違える日本語の母語話者はいませんね。

(2)　「コーヒーいかがですか。」
　　　「ありがとう。でも、けっこうです。」
(3)　「先生、こんな書き方でいいでしょうか。」
　　　「けっこうです。」

(2)のように、何かを勧められたときの答えである「けっこうです。」

は「いりません。」と断っていますし、(3)のように、評価を求められたときの「けっこうです。」は、OKの意味なのです。これは、「いいです。」でも同じです。特に、(3)のような場合、「ね」を付けて、「けっこうですね。」や「いいですね。」と言うこともありますが、(2)の場合に「ね」は付けません。

最後まではっきり言わずに答えることも少なくありません。

(4) 「今晩、いっぱい飲みませんか。」
「今晩はちょっと…」

最近は少し変わってきましたが、はっきり断らないことが相手を傷つけないことでもあるのです。(4)のような誘いに対して「いいえ、飲みません。」と断るのは、日本語では伝統的に野暮だとされてきました。

会話が上手な人は、聞くための短いことばをたくさん用意しています。「なるほど。」「そうですか。」と納得してみせたり、「へえ」と感心してみせたり、はたまた、「それで？」「というと？」と話を続けさせたりするのです。応答表現はコミュニケーションの重要な部品なのです。

Q 作文してみよう

① 「あら、どちらへお出かけですか。」「ちょっとそこまで。」
② 「コーヒーいかがですか。」「ありがとう。でも、けっこうです。」
③ 「先生、こんな書き方でいいでしょうか。」「けっこうです。」
④ 「今晩、いっぱい飲みませんか。」「今晩はちょっと…」

A 人間は言葉を使ってコミュニケーションを図るとき、通常は何か新しい未知の情報を得ることを期待しています。しかし、言葉の使用の100パーセントが新しい情報の取得に充てられるわけではありません。とにかく相手との間でコミュニケーションが成立したことを確認するためだけに言葉を交わすことがあります。それをファティック(交感的)・コミュニケーションと呼んだりしますが、何気ない挨拶などはその一例でしょう。

 近所に住む人に、どこへ出かけるのか訊ねるとき、私たちは本気で目的地を知りたがっているわけではなく、あなたのことを気にかけていますよ、と伝えているのです。なので、答えは「ちょっとそこまで」というとても曖昧な返事でかまわないのです。日本語のコミュニケーションに慣れた人なら、行き先を訊くとはプライバシーの侵害も甚だしいと憤ることはなく、曖昧な返事で相手が納得してくれることも熟知しています。具体的な行き先を告げる方がかえって違和感を醸し出してしまうかもしれないのです。

 以前ポルトガルに暮らしているときこんなことがありました。よく買い物をしたスーパーマーケットのある男性店員さんと何度か店内で商品について言葉を交わしました。そんなある日、その店員さんとレストランの席でとなり合わせになりました。そんなに親しい間柄でもないのに顔見知り。目と目が合った私たち2人は一瞬沈黙してしまいました。ですが、彼はTudo bem?と挨拶してくれ、私も同じ言葉を返し、なんとか気まずい雰囲気を逃れました。大げさかもしれませんが、たった1つのあいさつ表現で私たちの関係は救われたのです。

①「あら、どちらへお出かけですか。」「ちょっとそこまで。」

 かつて日本ではごく普通に聞かれたやりとりですが、ポルトガル語では、ありえないということはないですが、やはりさほど自然なものではありません。挨拶のやりとりの中で、相手の行き先を訊ねることはあり得ても、「ちょっとそこまで」という曖昧な返事は違和感を残すでしょう。

 まずはあえて直訳調でいくと、

—Aonde vai o senhor (a senhora)?
　—Só até aí.

　後半部分を「ただそこまで」というように訳しましたが、これでは、なんとも不自然なやりとりに聞こえます。こんなやりとりはないと思ってくださってけっこうです。
　ですが、さきほども言いましたように、顔見知り同士が町の中で偶然出会い、そのやりとりの流れの中で行き先を訊ねることはあり得ます。こんな感じで展開するでしょうか。

　—Olá, como está?　お元気ですか。
　—Estou bem. Obrigada. E a senhora?
　　元気ですよ、ありがとう。あなたは？
　—Estou bem. A senhora vai àlgum lugar?
　　（あるいはvai sair? vai passear?）
　　元気です。どちらかに行かれるのですか（外出されるのですか）。
　—Vou fazer compras no supermercado Jumbo.
　　スーパー・ジュンボに買い物に行きます。
　—Está bem. Então, boa tarde.　そうですか。ではよい午後を。
　—Boa tarde.　よい午後を。

　短い会話ですが、こんな言葉のやりとりが何の苦もなくできるようになれば、ポルトガル語話者として一人前（？）です。

② 「コーヒーいかがですか。」「ありがとう。でも、けっこうです。」
　また直訳してみます。

　—Quer café?
　—Obrigado. Mas, está bem.

　前半は完璧ですが、後半は微妙です。Obrigado.と答えるのはよいのですが、その後のMas, está bem.が気になります。こう言えば、おそらく相手は「いらない」の意味で取ってくれるでしょうが、「いる」と誤解される余地は残ります。「いらない」のならば、次のよ

うに、はっきりと口にした方がよいでしょう（でも、obrigadoも忘れずに！）。

　　―Quer café?
　　―Não quero, obrigado.

ちょっとくどくなりますが、「すみませんが、今はコーヒーを飲みたくありません」と答えるのはとても丁寧です。

　　―Quer café?
　　―Desculpe, mas não quero tomar café agora.

「すみません」の代わりに「残念ながら」と言ってもよいです。

　　―Quer café?
　　―Infelizmente não quero tomar café agora.

いずれにしても、断るときは丁寧さを表わした方がいいですね。

③「先生、こんな書き方でいいでしょうか。」「けっこうです。」
　「こんな書き方」というところを「このように書いた」とします。そして、「いいでしょうか」は「どう思いますか」とします。生徒が先生をtuで呼んでいいかどうかは先生の判断次第です。ここでは、achar「思う」はポルトガルでもブラジルでも無難な3人称単数にしておきます。

　　―Professor, escrevi assim. Que acha?
　　―Está bem assim.

「けっこうです」がEstá bem.ばかりでは面白くないですね。②の「けっこうです」とは違って、ここでは褒めているわけですから、ちょっと大げさかもしれませんが、次のようにするのもいいでしょう。

　　―Muito bem.
　　―Excelente.

④「今晩、いっぱい飲みませんか。」「今晩はちょっと...」

Não quer tomar um copo hoje à noite?

um copoが文字通りなのか否かは状況次第でしょう。飲む量がmuitoになることも十分にあり得ます。あるいは、um copoは言わなくてもいいですね。

Não quer beber hoje à noite?　今夜飲まないか。

文脈にもよりますが、beberだけでも「酒を飲む」の意味になります。さて、「今晩はちょっと...」の方ですが、

É impossível hoje à noite.　今夜は無理です。

とはっきり「ノー」を言ってしまうのはかなり強い拒否で、普通は言いそうもないですね。かといって、「ちょっと」のニュアンスを尊重して、

Hoje à noite é um pouco...

と言うと、これだと日本語そのままですが、イントネーションや表情を上手に駆使しても、通じにくいでしょう。

もう少しはっきりさせたければ、

Hoje à noite é um pouco difícil...　今夜はちょっと難しい。

とすればよいでしょう。これなら気持ちは十分に通じます。あるいは、poderを使って、次のように言ってもよいです。

Desculpe, mas hoje à noite não posso.

断るときに「すでに先約がある」というのはポルトガル語でも使えます。

Desculpe, já tenho outro compromisso.

万が一絶対に嫌ならば、Nem hoje, nem nunca!「今日どころか絶対に嫌」とも言えますが人間関係が壊れても責任は負いかねます。

§23 「おれは、行くぜ。」
"終助詞"

　日本語の文の最後に付く、終助詞の「よ」「ぜ」「わ」「ね」「よね」「か」などは、小さいですが、文全体の発話意図を決める大事な表現です。

(1) **きみは、この大学の学生ですか。**
(2) **これ、林さんの財布だね？**
(3) **おれは、行くぜ。**

　(1)のように、「か」で終わる場合、上昇イントネーションを伴えば疑問です。「学生？」と、名詞自体の最後を上げることで疑問を表すこともあります。最近では、「学生です？」と言うことも多くなりました。「か」が下降イントネーションを伴う場合には、自問や納得を表します。(2)の「ね」は、聞き手にほんとうにそうであるかを確認する場合に使われます。もう少し確信が強ければ、「林さんの財布だよね？」と「よね」を用いて確認することもあります。
　(3)の「ぜ」は、聞き手に伝達しようという意図を表します。同じ働きをする「よ」は、「ぼくは行くよ。」のように、話し手の性格が少し違って感じられます。女性が「わ」を使うということは、実際には少なくなったかもしれませんが、この「わ」も働きは同じです。
　終助詞は、小説の中などで、話し手が誰かをわからせるために使われることがあります。

(4) **外は、雪が降り続いている。**
　　「寒いわ。」
　　「寒いね。」
　　二人は、そっと寄り添った。

先に「寒い」と言った人が男か女か、これだけでわかりますね。
　終助詞に似た「んだ」「んです」も、よく使われます。

(5)　どうして来なかったんですか。
(6)　小包が届いてる。うちのだんな、また本を買ったんだ。
(7)　彼女のスープは、なんておいしいんだ。

　(5)のように、疑問文で「んですか」が使われるときは、説明を求めるという態度を強く表します。特に「どうして」や「どのように」のような疑問詞があれば、だいたい最後は「んですか」で終わります。この「ん」は「の」が変形したもので、単独で疑問を表す場合に、「きみたち、どこから来たの？」や「きみ、学生なの？」と上昇イントネーションを伴った「の？」も、同じように使われることがあります。「頭が痛かったんです。」のように答える場合の「んだ」「んです」は、説明して返すという態度を表します。
　(6)のような独り言の「んだ」は、「小包が届いたことから解釈すると、それは即ち『本を買った』ということになる」という結びつきを表しています。「んだ」には、(7)のように感嘆を表す用法もあります。
　文の最後に置かれる終助詞や「のだ（んだ）」は、文全体の機能と印象を決めることばなのです。

Q 作文してみよう

① これ、林さんの財布だね？
② 「寒いわ。」「寒いね。」
③ 小包が届いてる。うちのだんな、また本を買ったんだ。
④ 彼女のスープは、なんておいしいんだ。

A 「よ」とか「ぜ」とか「ね」とか「よね」とか「か」とか、こうしたいわゆる終助詞は、話者と聞き手の間の人間関係のありようを表わしたり、話者の発言内容に対する心のあり方を表わしたりします。後で触れますが、「ね」に関してはポルトガル語と日本語の間で奇妙な「一致」が見られ、なかなか興味をそそられるのですが、一般的に言って、ポルトガル語には終助詞に相当する要素は存在しません。

ですので、日本語の文からポルトガル語に訳すときには、終助詞のことを意識せずに、いわば「中立的」な日本語の文からポルトガル語へ移します。でも、ポルトガル語から日本語に訳す際には、意味は簡単に取れるのに日本語でどう表現するのか長い時間頭を抱えてしまうことがあります。Eu vou.という文だって、「行く」だけでよいわけもなく、「行くぜ」「行くわ」「行くわよ」「行くね」などと訳し分ける必要があるのです。さらに、これは終助詞の問題ではないですが、euが「私」なのか「ぼく」なのか「俺」なのか「わし」なのか「我」なのか、考え出したらきりがありません。2つの言語の間を行き来するのは本当にしんどいものがあります。

いや、しんどいからと言って降参してしまっては言葉を学ぶ醍醐味が失われてしまいます。困難を承知の上で、日本語の終助詞をポルトガル語でどう表現するか、トライしてみましょう。

① これ、林さんの財布だね？

最後の「ね」については後で取り上げることにして、まずは「これは林さんの財布だ」という文を作ってみましょう。ブラジルの口語では「これ」este (esta) と「それ」esse (essa) の区別が消え、esseの方に収斂しつつありますが、ここでは「これ」にこだわりeste (esta) を用いることにします。

Esta é a carteira do senhor Hayashi?

ですが、これだと、まさに最初に出てくる「これ、」の「、」のニュアンスが出せません。この一言で相手の注意を引いているわけですよね。そこを何とか出してみます。

Esta aqui é a carteira do senhor Hayashi?

　estaを強調し、次のéの間にポーズを置くだけでも「これ、」という相手の注意を引き出す手段となりえますが、estaにaquiをつけて「ここにあるこれ」とし、さらなら強調効果を出してみます。
　さて、肝心の「ね」ですが、いわゆる付加疑問を使います。ポルトガル語の付加疑問で万能選手とも言えるのがnão é?ですが、ここではéを使う肯定文に対する付加疑問ですから、まさにこのnão é?が使えます。

Esta aqui é a carteira do senhor Hayashi, não é?

　話はこれで終わりません。このnão é?が話し言葉では音変化を起こし、né?となることが頻繁にあるのです。

Esta aqui é a carteira do senhor Hayashi, né?

　こうなると、日本語の「財布ですね」と音も機能も重なります。ということは日本語話者からすると使いやすくもなるのですが、逆に使いすぎるという弊害もあり得ます。実際、日本語話者がポルトガル語を話すときに、「ね」「ね」言い過ぎると指摘されることもあります。ですので、né?は便利かもしれませんが、くれぐれも使い過ぎには注意してくださいね。

②「寒いわ。」「寒いね。」
　これは男女の間の会話でしょう。今どき、「寒いわ」なんて口にする女性はほとんどいないと思いますが、「わ」があるだけで、女性の口から出た言葉であることは一目瞭然です。女性的な「わ」を受け、男性が「ね」でやさしく応答している様子は恋人同士の会話であるかのようです。
　それはそれでよいのですが、ポルトガル語は日本語のような男言葉、女言葉の大きな違いはありません。「わ」が持つ意味合いを出せと言われても無理な相談というものなのです。言ってみれば、「寒い」と言うしかないのです。

Está frio.

と女性は言うことになります（男性も同様）。これに対する答えは、

Está.

だけで十分です。

　ただ、先ほど「ね」によって応答の意味が込められると言いましたが、そのあたりをあえて出してみましょう。

　——Está frio.
　——Está frio, sim.

うーむ、「はい」に相当するsimを足したくらいであまり変化はないかもしれませんね。先ほどの「ね」の登場してもらいましょうか。返事の方も少し工夫してみます。

　——Está frio, né?　寒いわね。
　——Pois é, está mesmo.　うん、本当に。

ここでちょっと視点を変えて、estar frioというのは天候を表現していますが、estar com frioと言えば話者の体感の問題になってきます。この男女の会話にはむしろこちらの方がふさわしいかもしれませんね。

　——Estou com frio.　　寒いわ。
　——Também estou.　　ぼくもだよ。

tambémによって「ともに」という感じが出ていいですね。

③　小包が届いてる。うちのだんな、また本を買ったんだ。

　「届いてる」の完了の意味は完了過去形によって出します。「うちのだんな」をポルトガル語にするのは難しいですが、素直に「私の夫」とします。

　A encomenda chegou. O meu marido comprou livros outra vez.

これだと、「私の夫はまた本を買った」となってしまい、「買ったんだ」の部分が表わせていません。小包が届いた、それはつまり夫が本を買ったからだ、という推測のつながりを表現したいわけです。

A encomenda chegou. Acho que o meu marido comprou livros outra vez.

acho que「と（私は）思う」と補うことで、「買ったんだ」の推測の意味合いが少し出てきます。あるいは、「という意味だ」と考えて、以下のようにする手もありそうです。

A encomenda chegou. Quer dizer que o meu marido comprou livros outra vez.

④ 彼女のスープは、なんておいしいんだ。
「彼女のスープ」はa sua sopaでよいですが、「彼女の」をはっきりと出すためにa sopa delaとするのもよいですし、「彼女が作った」という意味でa sopa que ela fezと関係代名詞を使った句にするのもよいでしょう。「おいしい」はbomですが、a sopaに一致してboaです。いや、gostosaを使うのもいいですね。
「なんて...んだ」は感嘆文ですから、que＋名詞、形容詞、副詞、あるいはcomo＋動詞を使って文を作ればよいですね。

Como é boa a sopa que ela fez!
Como é gostosa a sopa dela!
Que boa, a sopa dela!

感嘆文にせず「とてもおいしい」としてもいいかもしれません。

A sopa dela é muito boa!

「おいしい食べ物」のことをuma delíciaと言ったりもするので、

A sopa dela é uma delícia!

という文を強調しながら言うのもよいでしょう。

§24 「彼女は、小鳥のように高い声をしている。」
"ことばの技法"

　日本語は、語順が比較的自由な言語です。「田中くんが林さんに話しかけた。」と言っても、「林さんに田中くんが話しかけた。」と言っても、ニュアンスは変わりますが、基本的な意味は変わりません。文の最後に動詞などの述部が置かれていれば、基本的に文法的に正しい文と言えます。

　あえて、動詞などの後に主語や目的語、または副詞を置くと、ちょっとした表現効果が生じます。

(1) 林さんに話しかけたんだって、田中くんが。
(2) ぼくらは、長い航海の末、ついに見つけたんだ。宝の島を。
(3) ぼくは、彼を許さないよ。絶対に。

(1)は、「あの（小心者の）田中くんが」などのニュアンスを感じさせますし、(2)では、「何を見つけたんだろう」という期待感をもたせて、後の「宝の島を」をより効果的に伝えています。(3)では、副詞を後から付け加えることで、強調の意味をより強く表現しています。

　このように、動詞などの後に、その動詞にかかっていく主語や目的語、副詞などを続ける方法を倒置法といいます。

　繰り返すことで、効果的に伝えることばの技法もあります。

(4) これですよ、これ。私が探していた物は。
(5) あいつだけは、絶対に許せない。あいつだけは...

(4)は、「これ」を繰り返すことで「他でもないこれだ」と限定していますし、(5)のように、つぶやくように2度目の「あいつだけは」と言えば、強く誓う様を表します。日本語では、「はいはい」や「い

やいや」など、応答のことばもよく繰り返されます（ただし、「はいはい」は、「わかってますよ」という感じがして、失礼に聞こえるときがあります）。

　何かにたとえる比喩という方法も、重要なことばの技法のひとつです。

(6)　**彼女は、小鳥のように高い声をしている。**
(7)　**きみはぼくの太陽だ。**

　特に、人以外の物を人のように表現する方法が使われることもあります。

(8)　**（新一年生を指して）大きなかばんが歩いてる。**
(9)　**人間によって痛めつけられた地球が、痛いとうめいている。**

(9)のような用法を擬人法といいます。
　さまざまな技法を使って、文章を豊かに表現しています。

Q 作文してみよう

① ぼくらは、長い航海の末、ついに見つけたんだ。宝の島を。
② これですよ、これ。私が探していた物は。
③ 彼女は、小鳥のように高い声をしている。
④ 人間によって痛めつけられた地球が、痛いとうめいている。

A　「日本語は、語順が比較的自由な言語です」とありますが、ポルトガル語に関しても同じことが言えます。念のために言っておくと、ポルトガル語の基本語順は、主語 (S)・動詞 (V)・目的語 (O) です。

　Eu comprei um livro.「私は本を買った」というのは非常にオーソドックスな語順にのっとった文ですね。

　自動詞なら目的語はないですから、Ele tossiu.「彼は咳をした」のように主語＋動詞という語順になります。しかし、ポルトガル語では次のようなひっくり返った語順の文を頻繁に耳（目）にします。Chegou o meu pai.「私の父が着いた」。もちろん、O meu pai chegou.が本来の語順です。

　これはSVという語順がVSに倒置される例ですが、目的語を伴うSVOの語順に倒置を行なうことも可能です。たとえば、Bolos de chocolate, o Carlos detesta.「チョコレートケーキがカルロスは大嫌いだ」では、本来は動詞detestaの後ろ（右側）に位置すべき目的語bolos de chocolateが文頭に移動し、OSVという語順になっています。でもポルトガル語では文法的なのです。

　語順が変わると言えば、強調構文もありますね。強調したい語をser…queで挟むわけです。É a língua portuguesa que eu estudo.「私が勉強しているのはポルトガル語です」と言えば、強調文ではないEu estudo a língua portuguesa.「私はポルトガル語を勉強しています」の目的語であるa língua portuguesaが主語よりも前に出ていますね。

① ぼくらは、長い航海の末、ついに見つけたんだ。宝の島を。

　一見、長い文なので戸惑うかもしれませんが、「ぼくらは」なんていうのはnósですむわけで、それほど難しい課題ではありません。かつてポルトガル人は長い航海を経て日本にも来ましたから、「長い航海の末」という部分も難しくはありません（？）。depois de longa navegaçãoとしましょう。「見つける」はもちろん「発見する」を意味するdescobrirを使います。

　まずは技巧を凝らしていない、「ぼくらは、長い航海の末、つい

に宝の島を見つけた」と作文してみます。

Depois de longa navegação, descobrimos, finalmente, uma ilha de tesouros.

こんな感じとなります。uma ilha de tesourosとしましたが、これだと偶然見つけたというニュアンスで、最初から特定の島を目指していたのならa ilhaと定冠詞を使います。「宝の島」を強調するだけなら、強調構文を使って、

Foi uma ilha de tesouros que descobrimos, finalmente, depois de longa navegação.

とすればよいですが、文末に置く効果をポルトガル語でも出したいわけです。よって、別の工夫が必要になりますね。すると、「ぼくたちが見つけたのは宝の島だ」とする方法が思い浮かびます。そのとき、関係代名詞o queが使えます。

O que descobrimos, finalmente, depois de longa navegação foi uma ilha de tesouros.

見つけたものは宝の島だった、という日本語の流れがこれなら出ているのではないでしょうか。また、longa navegação「長い航海」の代わりに、muito tempo de navegação「長時間の航海」とする方法もあります。

O que descobrimos, finalmente, depois de muito tempo de navegação foi uma ilha de tesouros.

② これですよ、これ。私が探していた物は。

この文ではやはり強調構文の出番でしょうか。「探す」はprocurarを使います。

É isto que eu procurava.

éの代わりに、時制の一致を起こした未完了過去形eraの使用も

可能です。でも、見つけたのが'今'なので現在形にします。

　いや、これだと、「私が探していた物はこれです」ということで、「これですよ、これ」を意味するには、ちょっと弱い感じがします。さらなる工夫が必要でしょう。

　そこで、istoにmesmoをつけて強調してみます。

É (Era) isto mesmo que eu procurava.

　こうすると、「まさにこれなんだ」という感じが出てきます。日本語にしたがって、繰り返すのも強調になります。ただし次の文はかなり口語的ですので、eraは使われる可能性が低いです。

É isto. É isto que eu procurava.

　ここまでは強調構文を使いましたが、先ほど使ったo queも利用できるでしょう。ただし、副詞exatamente「まさに」で強める方が日本語のニュアンスを出せます。éはやはり口語的です。

O que eu procurava é (era) exatamente isto.

③　彼女は、小鳥のように高い声をしている。

　言語表現を豊かにする技巧として欠かせないのが比喩。ポルトガル語ももちろん比喩をたくさん使います。そして、「ような」「ように」を意味するのがcomoであることはすでにご存じでしょう。そこで、「小鳥のように高い声」をそのまま、a voz alta como um pássaroと訳してしまうと間違いです。a voz altaは「高い声」ではなくて、「大きな声」ですから。注意しないといけない点ですね。そこで、高い声を表わすsopranoを使い、voz de soprano como um pássaroと直訳してみます。また、「声をしている」はポルトガル語では「声を持つ」とするしかありません。

Ela tem a voz de soprano como um pássaro.

と訳してみたのですが、母語話者から違和感の残る文だと却下されてしまいました。pássaroにもいろいろな声があるからです。でも、

pássaroの代わりに具体的な鳥の名前を入れれば逆にいい感じだとも指摘されました。たとえば、canário「カナリヤ」とかrouxinol「ナイチンゲール」です。

Ela tem a voz de soprano como um canário(rouxinol).

「彼女の声は小鳥の鳴き声のようだ」とするのはどうでしょう。

A voz dela é como o canto de um pássaro.

必ずしも「高い声」を表わしていませんが、むしろこれがベストと評価してもらえました。cantoには「鳴き声」だけでなく、「歌声」の意味もありますからね。

④ 人間によって痛めつけられた地球が、痛いとうめいている。

「うめく」にはgemerという動詞を使います。「痛いと」はgemerの中に込められていると考えてよいでしょう。「痛めつけられた」はatormentarという動詞の過去分詞を使ってみます。

A Terra atormentada pelos homens geme.

これでは主語が長くて重いですから語順を変えてしまいましょう。

Geme a Terra atormentada pelos homens.

ポルトガル語でも擬人法はよく使いますから、ポルトガル語話者にもわかりやすい喩えですね。atormentarでなくcastigarという動詞を使い、またgemerを現在進行形にすることも可能です。

A Terra castigada pelos homens está a gemer.

あるいは語順を倒置して、

Está a gemer a Terra castigada pelos homens.

本題からそれますが、地球にやさしい人間でありたいものです。

Queremos ser homens gentis para com a Terra!

コラム **6**

社会的グループのことば

日本語では「寒いわ」は女のことば、「寒いぜ」は男のことばというように、話している人がどのような人であるかを、ことばに反映させることがあります。

時に、博士らしき人が「これでわしは大金持ちじゃ。」と言ってみたり、特定のイメージを出すために、あえて方言を用いたりもします。ひよこだって、マンガの世界なら、「ぼくは、ひよこだっぴー。」と話したりもします。こうして、話している人のことばだけで、その人の属性（どんな人であるか）を表しているのです。

ポルトガル語には、このように、特定の社会的グループらしさを表すことばはありますか。

ポルトガルの国営放送局RTPに *Bom Português* という1分間ほどの短い番組があります。リスボンのある大通りを歩く人たちに女性アナウンサーがポルトガル語の'正しい'知識を訊ねるのです。この番組を見ながら、ふと思ったことがあります。この *Bom Português* はもちろん「良いポルトガル語」という意味なのでしょうが、同時に「良きポルトガル人」という意味も込められているのではないか。「良きポルトガル人」は「良いポルトガル語」を話さなければならない。そんな発想が番組の背景にあるのではないか。なにしろ国営放送局が放映しているのですから。この考えをある言語学者に伝えたところ、「きみの考えは正しいかもよ」と言われました。事の真相はわかりませんが、気になる点です。

　そうは言っても、ポルトガル人が誰もがみな均質的な同じポルトガル語を話すわけではありません。職業が異なれば違う言葉遣いもあります。最近は辞典も刊行されるサッカーでも独特な用語があって、「チキン」を意味する frango という名詞が「ゴールキーパーの凡ミス」を意味し、そこから派生語の frangueiro「フランゴをよく犯すゴールキーパー」（ヘボGK）が生まれています。

　また、「管」や「筒」を意味する canudo が、学生たちの間では「筒」に入れられている「卒業証書」を意味します。また、estudar como cão「犬のように勉強する」は「たくさん勉強する」です。「歩く」を意味する andar が「落第する」になるのも面白いですね。軍人たちの間でも、「子羊のような声を出す」を意味する borregar が「責任を逃れる」になります。

　「社会」ではなく「地理」の違いを言えば、ポルトガルとブラジルの間の語彙的差異はたくさんあります。有名なところでは、「電車」が comboio（ポ）と trem（ブ）、「背広」が fato（ポ）と terno（ブ）、「パイナップル」が ananás（ポ）と abacaxi（ブ）などなど。また、ブラジルではしばしば favela「スラム街」の存在が社会問題となりますが、ポルトガルでは bairro de lata と言い、アフリカのアンゴラでは musseque と言います。

　ポルトガル語圏の広さを感じますね。

設問一覧

§1
①この本は、去年、私が書きました。
②この本は、表紙の色がすてきです。
③あ、人が倒れている。
④「ここに林さんはいますか。」「私が林です。」

§2
①(チョコレートを指して)いくつ食べる?
②「お茶をいれてほしいなあ。」「自分でいれてよ。」
③(田中さんに向かって)これ、田中さんに差し上げます。
④社長、社長はこのプランをどう思われますか。

§3
①(ペンを渡して)それが使いにくかったら、あのペンを使って。
②「蓄音機って知ってる?」「何、それ?」
③「ビートルズのHELP!ってレコードを、まだ持ってるよ。」
「あれは、いいアルバムだよね。」
④昨年一年間で円高が急激に進んだ。この影響で輸出産業が多数倒産した。

§4
①ケーキを買いに行ったが、ひとつしか残っていなかった。
②きみこそ、我が社が求めていた人物だ。
③宿題を忘れて、弟にまで笑われた。
④10人も来た。

§5
①(コンピュータの検索結果)該当する項目は、ひとつも見つかりませんでした。
②「田中さんを見なかった?」「はい、見ませんでした。」
③全員は答えられなかった。
④悲しいから泣いているんじゃありません。嬉しいんです。

§6
①昨日は、5時に起きた。今朝も5時に起きたから、まだ眠い。
②彼は、まだ起きてきていない。
③ぼくの傘、ここにあった!
④彼が来る前から、外に出て待っていた。

§7
①愛しています。
②彼は、二度、北海道に行っている。
③地球温暖化が進む中、氷河が少しずつ溶けつつある。
④「あれ、窓が開いている。」「換気のために開けてあるんだよ。」

§8
①見知らぬ人が話しかけてきた。
②「うちに遊びにおいでよ。」「うん、行く。」
③飛行機が東の空から飛んできた。
④平均株価がじわじわ上がってきた。このまま上がっていくかなあ。

§9
①ぼくたち、大きな魚に食べられちゃうよ。
②日本では、多くの方言が話されている。
③コーチは、試合前に選手たちを走らせた。
④公園で子どもがもっと遊びたがったので、しばらく遊ばせておいた。

§10
①隣の部屋で一晩中騒がれて眠れなかった。
②車を傷つけられて腹が立った。
③兄に数学の問題を教えてもらった。
④久しぶりに雨が降ってくれて、植物が生き返ったようだ。

§11
①倒したんじゃないよ、倒れたんだよ。
②今、建っているビルの横に、もう一棟、同じビルを建てている。
③お茶がはいりましたよ。休憩しましょうか。
④足の骨を折った。

§12
①彼は、1メートルも泳げない。
②この水着は泳ぎやすいね。
③棚の上の荷物に手が届かない。
④一生懸命練習して泳げるようになった。

§13
①「彼が犯人だ。」「いや、彼は犯人ではないだろう。」
②やっぱり、彼が犯人だそうだよ。
③(ケーキを見て)わあ、おいしそう。
④レストランガイドで絶賛されている。この店はおいしいはずだ。

§14
①(立て看板)芝生に入らないこと。
②少しゆっくり話していただけませんでしょうか。
③(フリーペーパー)ご自由にお持ちください。
④映画を見に行かない?

§15
①きみは、もっと勉強しなければいけない。
②もっと勉強したほうがいいよ。
③掃除が終わったら、もう帰ってもいいですよ。
④「暖房を消してもいいですか。」「お願いします。」

§16
①来年こそアメリカに留学しよう。
②長年の夢だったアメリカ留学を、今年こそかなえるつもりです。
③おいしいステーキが食べたいなあ。
④夫は、テニスのラケットをほしがっている。

§17
①雨が降るから、傘を持っていきなさい。
②風邪を引いて学校を休んだ。
③せっかくケーキを作ったのに、彼は食べてくれなかった。
④せっかく作ったのに。

§18
①雨が降れば、お祭りは中止になる。
②デパートに行ったら閉まっていた。
③お金が十分にあれば、旅行に行くのに。
④子どもが寝ている間に、買い物に行ってきました。

§19
①音楽を聴いている男の人が後ろに立っていた。
②パリに着いた3日後、彼はローマに発った。
③彼は、日本語を教えるボランティアをしている。
④あの本、持ってる? あの、先週、貸してくれるって言ってたやつ。

§20
①練習問題ができた太郎くんは、先生に見せに行った。
②赤い帽子をかぶった花子さん、今日はどこへ行くのかな。
③いつもは成功する山下も、このときは失敗した。
④まず、この通りをまっすぐ、大きな噴水のある公園まで歩きます。

§21
①先生がいらっしゃるので、玄関までお出迎えした。
②すみませんが、ちょっと手伝っていただけますか。
③父は、今、出かけております。
④何言ってやがるんだ。

§22
①「あら、どちらへお出かけですか。」「ちょっとそこまで。」
②「コーヒーいかがですか。」「ありがとう。でも、けっこうです。」
③「先生、こんな書き方でいいでしょうか。」「けっこうです。」
④「今晩、いっぱい飲みませんか。」「今晩はちょっと…」

§23
①これ、林さんの財布だね?
②「寒いわ。」「寒いね。」
③小包が届いてる。うちのだんな、また本を買ったんだ。
④彼女のスープは、なんておいしいんだ。

§24
①ぼくらは、長い航海の末、ついに見つけたんだ。宝の島を。
②これですよ、これ。私が探していた物は。
③彼女は、小鳥のように高い声をしている。
④人間によって痛めつけられた地球が、痛いとうめいている。

著者略歴

市之瀬　敦（いちのせ　あつし）
1961年、埼玉県生まれ、東京外国語大学大学院修了、外務省在ポルトガル日本大使館専門調査員を経て、現在、上智大学外国語学部教授。
主要著書
『ポルトガル語のしくみ』（白水社）
『クレオールな風にのって　ギニア・ビサウへの旅』（社会評論社）
『海の見える言葉　ポルトガル語の世界』（現代書館）
『出会いが生む言葉　クレオール語に恋して』（現代書館）
『ポルトガル革命のコントラスト　カーネーションとサラザール』（上智大学出版）

山田　敏弘（やまだ　としひろ）
1965年生まれ。大阪大学大学院博士課程後期課程単位取得満期退学、博士（文学・大阪大学）。現在、岐阜大学准教授。
主要著書
『日本語のしくみ』（白水社）
『国語教師が知っておきたい日本語文法』（くろしお出版）
『初級を教える人のための日本語文法ハンドブック』（共著、スリーエーネットワーク）
『中上級を教える人のための日本語文法ハンドブック』（共著、スリーエーネットワーク）

日本語から考える！　ポルトガル語の表現

　　　　　　　　　　　　　　　　2011年 9 月30日　印刷
　　　　　　　　　　　　　　　　2011年10月20日　発行

　　　　　　　著　者 ©　　市　之　瀬　　敦
　　　　　　　　　　　　　山　田　敏　弘
　　　　　　　発行者　　　及　川　直　志
　　　　　　　印刷所　　　株式会社ルナテック

　　　　　101-0052 東京都千代田区神田小川町 3 の24
発行所　　電話 03-3291-7811（営業部），7821（編集部）　　株式会社　白水社
　　　　　http://www.hakusuisha.co.jp
乱丁・落丁本は，送料小社負担にてお取り替えいたします．

振替　00190-5-33228　　　　　　　　　　　　Printed in Japan　　加瀬製本

ISBN978-4-560-08577-6

Ⓡ〈日本複写権センター委託出版物〉
　本書の全部または一部を無断で複写複製（コピー）することは、著作権法上での例外を除き、禁じられています。本書からの複写を希望される場合は、日本複写権センター（03-3401-2382）にご連絡ください。

▷本書のスキャン、デジタル化等の無断複製は著作権法上での例外を除き禁じられています。本書を代行業者等の第三者に依頼してスキャンやデジタル化することはたとえ個人や家庭内での利用であっても著作権法上認められていません。

■市之瀬 敦 著
ポルトガル語のしくみ
言葉には「しくみ」がある．細かい規則もいっぱいあるが，まず大事なのは「しくみ」を理解すること．文法用語や表に頼らない，通読できる画期的な入門書！
B6変型　144頁【シングルCD付】

■香川正子 著
ニューエクスプレス ブラジル ポルトガル語
見やすい・わかりやすい・使いやすい！　会話から文法へ──はじめての入門書◆決定版．この一冊を携えて，語らう時を楽しみましょう．［2色刷］A5判　147頁【CD付】

■高橋都彦 著
ブラジルポルトガル語の基礎
発音・文法の基礎をしっかり学びたい人のための，本格的な入門書．練習問題付きで，会話や作文に必要な初級文法が着実に身につきます．巻末付録には，ボサノヴァ名曲の対訳あり．　　　　A5判　255頁【CD付】

■池上岑夫／金七紀男／高橋都彦／富野幹雄／武田千香 編
現代ポルトガル語辞典(改訂版)
わが国最大の本格的なブラジル，ポルトガル，アフリカのポルトガル語辞典．語数59000．巻末に和ポ4700語と発音概説．初学者から専門家まで使えます．
B6変型　1463頁

■山田敏弘 著
日本語のしくみ
ふだん使っている日本語も，いざ説明しようとすると，なかなか難しい．日本語を教える予定のある人もない人もそのしくみを見つめ直してみませんか．外国語学習にも有益な一冊です．　　　B6変型　144頁【シングルCD付】